与えあうかかわりをめざして

❖福祉の役わり・福祉のこころ❖

まえがき

人間の「福祉」とは何でしょうか。辞書を調べれば、「幸福」という意味であることがわかります。それでは、人間にとって幸福とは何でしょうか。社会生活を送る人間にとって、何が最も大事なものでしょうか、そして、最も大事なものと判断する基礎になるものは何でしょうか。

福祉に関心を持ち、福祉を実現する制度、人々を支えるための福祉の技術を学ぶことはとても大切なことです。しかし、福祉の根本にあるのは、福祉にかかわる「人間」のことではないでしょうか。このことを考えるために「福祉の役わり・福祉のこころ」を主題とした講演会を続けています。

本書は、その講演会の記録であり、「人間にとって」の福祉とは何かという根本問題を、きわめて私たちに身近な事柄として紹介しています。これから大学で福祉を学ぼうとする高校生や、福祉学を専攻している大学生の方々に、まず読んでいただきたいと思います。しかしそれらの方々だけではなく、福祉に関心を持っているかどうかにかかわらず、人間の幸福とは何かとか、あるいは、人生について考えたり、人間が社会とのつながりで、生きていく上において、何が最も大事なことなのかを知りたいと思ったりしている方々に、ぜひ読んでいただきたいものです。

三人の福祉の大先輩に登場していただきました。福祉学の理論家としてもわが国で最も優れた業績を上げておられる先生方です。阿部志郎先生は職業としての生涯を、地域社会の福祉一本に向けて生きておられます。長谷川匡俊先生はご自身住職として、また大学の学長として、宗教と福祉の切っても切れない関係を研究しておられます。濱野一郎先生は学問的研究を行なうのに、その対象をスラム街の中に見いだして究明しようと専念されている方です。単に頭脳と知識が優れていて、その産物としての理論を編み出したというのではなく、共通しているのは、お三方とも、福祉の実践に取り組む中で、人間にとっての幸福とは何かを追究し理論に結実させた方々だということです。

必ずや、本書が読者、とくに若い方々の人生の選択の上で、よき示唆になることと思います。「福祉の役わり・福祉のこころ」の二冊目を送り出すことができる幸いを感謝するものであります。

聖学院大学大学院人間福祉学研究科
柏木　昭

与えあうかかわりをめざして

目次

愛し愛される人生の中で

阿部　志郎

不確実な人生

盥から　盥へうつる　ちんぷんかん

これは大変奇妙な小林一茶の句です。二つのたらい（盥）が出てきます。はじめのたらいは赤ちゃんが生まれたときに産湯のために使うものです。もう一つは死んだときに湯灌をするたらいを指します。私は自宅で、お産婆さんに取り上げられて、生まれました。諸君の中でそういう人はもういないと思います。みんな病院か産院で生まれています。

今、自宅で生まれるという人は、千人に三、四人しかいません。そして、昔の人はみんな自宅で死にました。現在、自宅で亡くなる方は一三％。たらいから、たらいへといった時代から、病院から病院へという時代に移りました。第一、多くの諸君はきっと、たらいを見たことがないと思います。私のうちにも、たらいはありません。

このたらいから、たらいの間に、私たちそれぞれの個性豊かな人生が営まれます。仏教では人生で「四苦八苦」を経験すると言います。苦しみに満ちた人生、喜怒哀楽の人生をそれぞれが歩んでまいります。ところがその人生はよく見えないのです。何が起こるかわからないのです。

死ぬということを思いますと、私たちにはわからない多くのことがあります。第一にわからないのはいつ死ぬのかということです。百歳の長寿を全うできるか。四歳の子供の葬儀にこの間、行きました。第二にどこで死ぬのか。病院か、施設か、自宅か、それとも路上でぱったり倒れてしまうのか、わかりません。もう一つわからないのはどういう状態で死ぬか。ドクターが脈をとってくれたのか、看護師が看護したのか、家族が見守っていたのか。それともだれにもわからず、ひっそり孤独死するのか、わかりません。この不透明で不確実な人生を、一茶は「ちんぷんかん」と歌いました。

第一の時期――愛されるべき子供時代

この私たちの人生は大きく分けると三つになります。第一は愛されるという時期です。赤ちゃんが生まれると、お母さんは赤ちゃんを胸に抱き、乳を含ませます。実に美しい姿です。赤ちゃんはお母さんに抱かれると安らかです。おそらく体内にいたときの命の脈動がそのまま伝えられるからでしょう。

母と子

インドのボンベイに行きました。空港からタクシーで町へ入ったのですが、その途中は、悪臭がただよっていました。何がこんなににおっているのかと思いましたら、野原といわず、川っぷちといわず、ぼろぼろのテントの群れが続いていました。テントからにおいがただよってきていると思いました。翌日、そのテント村に案内されました。そのテント村は難民の村でした。そのテント村の一角で感動的な光景に会いました。

四、五歳の、裸で泥んこになった男の子の体を、母親が水がめから水をすくい出して洗い流していました。ごく普通に見られる母と子の姿です。しかし、そのテント村で一番困っていた問題は水がないことでした。乾期のインドでは川に水が流れていません。テント村の人々は頭の上や肩の上に水がめを担いで、炎天下、往復三十分も歩かなければ水をもらえないのです。その苦労して得た大事な大事な飲み水を惜しげもなく使って、母親は子供の体を洗っているのです。私はその姿を見て美しいと思いました。日本の私たちが失った何かがそこにあると感じたのです。

母親というのは私たちにとって特別の存在です。特別養護老人ホームで九十歳間近のおじいさんが、毎朝窓を開けて外に向かって大きな声で、「おかあさーん」と叫ぶのです。きっとうちへ帰ればお母さんが戸口で腕を広げて迎えてくれるのだと思います。

ＮＨＫテレビの「プロフェッショナル・仕事の流儀」という番組に、帝国ホテルの総料理長が登場しました。帝国ホテルにはコックさんだけで七百人いると言います。そのトップの人でフランス料理の専門です。その料理長が一番おいしい味は何ですか、と聞かれた。どんな難しいフランス料理の名前を挙げるかと思いましたら、その料理長が、おふくろの味ですと答えた。おふくろの味は腕やわざではありません。心でつくるからおいしいのです。

おふくろというのは私たちにとって忘れることのできない人です。そのおふくろに抱かれて乳を含む。昔は全部母乳でした。母乳しかありませんでした。今は人工栄養が増えて半々です。アメリカは七〇％、スウェーデンは八〇％母乳です。お母さんが子供に乳を与える。これが保育士、栄養士、看護師という言葉の語源です。授乳がもともとの言葉です。これらの専門職はあの慈愛に満ちたお母さんの愛をあらわしている職業です。

子供の危機

このお母さんが、あるいはお父さんが、きょうだいが、おじいさん、おばあさんが、お母さんと一緒に赤ちゃんに声をかけます。諸君は赤ちゃんに何と声をかけますか。韓国では「カックン」という言葉が決まっているんです。私たちには決まった言葉がありませんから、顔を手で隠して「いない、いない、ばあ」なんて言うでしょう。これが人と人の対話の始まりです。この対話がふくらんでいく中で子供はすくすく大きく育っていきます。子供は愛されて育つ。子供は愛されるべき存在です。でも、すべての子供が愛されるわけではありません。

江戸時代の末期にプロシアからオイレンブルクという人を代表とする使節団が日本にやって来まし

た。彼らは江戸の町を見ておもちゃ屋さんが多いのに驚いた。そのおもちゃ屋さんに並んでいる、けん玉、人形、輪投げなど、おもちゃが実に巧妙で独創的にできている。江戸の子供たちはヨーロッパの子供よりも大事にされている、と書き残しました（フリードリヒ・オイレンブルク『オイレンブルク日本遠征記』上・下、中井晶夫訳、雄松堂書店、一九六九）。

「しろがねも　くがねも玉も何せむに　まされる宝　子にしかめやも」と山上憶良が歌いました（伊藤博校注『万葉集』上巻、角川書店、一九八五）。この歌から、「子宝」という言葉ができました。子供を宝物にしよう、大事にしました、愛しました。

ところが、愛することができない危機がしばしば訪れました。さまざまの災害、戦争、そして凶作、飢饉《ききん》です。食べるものがなくなるのです。そうすると棄児といって、子供が捨てられました。

東北にこけし人形があります。かわいらしい人形。こけし人形は「子を消す」という言葉から来ました。間引きされ、捨てられた子供に対する供養です。昔の人は犠牲になった子供を供養したのです。今の私たちは失われた子供の命に対して供養しているでしょうか。子宝と呼ばれながら、他方において、「こけし」という現象に昔の人は苦悩しました。戦争が終わって、こけしを文字どおり子宝にしようと戦後歩んできました。今、本当に子宝になっているでしょうか。

価値観の変化とその影響

戦争が終わって食べるものがありませんでした。最初の総選挙に、ある政党が掲げた公約の一つは、「イワシ一匹に米三合」という言葉です。皆さんのおじいさんやおばあさん方は、一日にせめてイワシ一匹分のカロリーが欲しかったのです。そういう貧しい時代を「お互いさま」、「おすそ分け」と言いながら助け合って耐えて過ごしました。貧乏に耐える哲学をみんな持っていました。

戦後十年たって、ようやく日本が経済成長の道を歩き始めます。そして幸いに豊かになりました。ところが、豊かさに対処する哲学を私たちはまだ持っていないのです。経済が発展する過程で私たちの考え方や価値観も変わってきました。若い女性の間でささやかれた有名な言葉があります。「家つき、カーつき、ババ抜き」という言葉です。若い女性の結婚相手の男性に出した条件です。まだあまり家が建っていないのに家を持っていること、普及していない車の所有をしていること、もう一つはしゅうとめのいないこと。物が大事にされ、人間が軽んぜられるという風潮がだんだん強くなってきました。

経済成長期のキャッチフレーズの一つは、「バスに乗りおくれるな」、という言葉でした。経済成長というバスは一台しか走ってない、飛び乗れと言われた。みんな走って我先にとバスに飛び乗りました。競争社会になったのです。このとき走れない人がいる、バスに飛び乗れない人がいるということは念頭にありませんでした。自分だけ生きていくのに精いっぱい、人のことなど顧みることができませんでした。

日本の経済が発展したのは、工業化に成功したからです。工業化していく中で労働力が足りなくなりました。そこで中学を出たばかりの少年少女を、集団就職といって工業圏に集め、働いてもらった

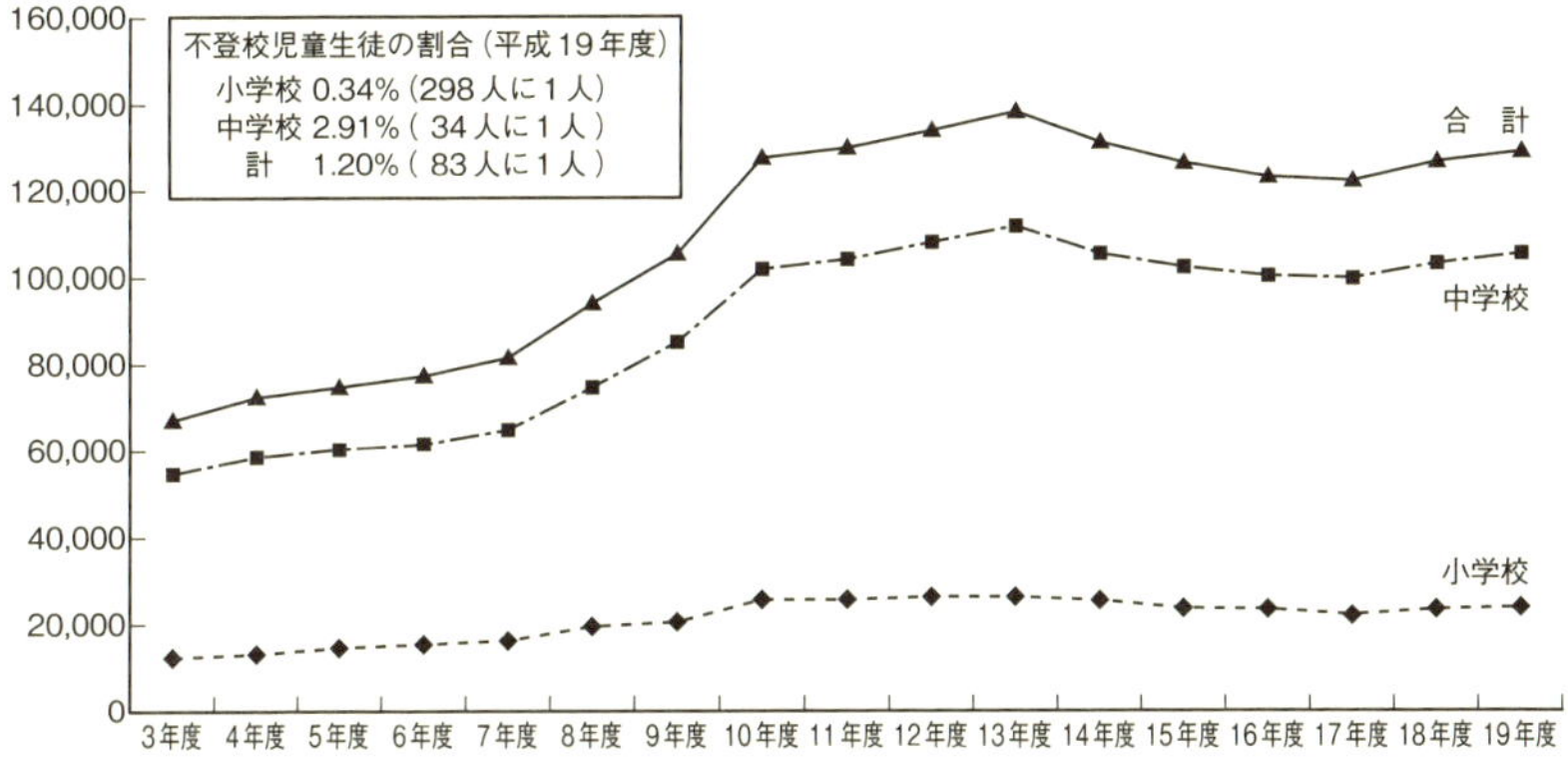

不登校児童生徒数（30日以上欠席者）の推移
「平成19年度児童生徒の問題行動等生徒指導上の諸問題に関する調査」（小中不登校）について（8月速報値）、文部科学省、2008年8月報道発表より　http://www.mext.go.jp/b_menu/houdou/20/08/08073006.htm（2009.06.01）

のです。この中学の新卒の子を、金の卵、月の石、ダイヤモンドと言って貴重品のように扱いました。

労働力が欲しいものですから、産業界が教育に要求を出しました。一つは平常の勤務だけでなく、残業、夜間勤務に耐えられる体力を持った子供を送れ、ということでした。もう一つは技術革新していきますので、知能の高い子供となるように教育しろ、と。この要求にこたえて、教育界では全国一斉にアチーブメントテストを実施しました。偏差値を設けました。進学競争は子供たちを偏差値で輪切りにしました。平均に達しない子供を「落ちこぼれ」という嫌な言葉で呼んだのです。

ここから新しい問題が次から次へと起こってきました。いじめ、校内暴力の嵐が日本じゅうの学校を吹き荒れました。平成二十年の発表では、小・中学校の児童生徒十二万九千名が不登校です（平成十九年度文部科学省調査結果）。一年間に二万二百人の子供（十九歳以下）が家出をしました

（「平成十九年中における家出の概要資料」警察庁生活安全局地域課、平成二十年六月）。虐待は児童相談所への相談件数が四万を超えました（第一二回児童虐待防止対策協議会資料「児童虐待防止対策について」厚生労働省、平成二十年十月）。殺傷、自殺。子供たちも苦しんでいます。子供たちの中に愛されない子供がいるのです。愛されなければならない子供なのに、愛されていない子供がいます。この子供たちをどう救うのか。私たちはどうしたらいいのか。何ができるか。

愛されていない子供を救う――マリアンヌちゃん事件

一九五六年にマリアンヌちゃん事件が起こりました。父親がスウェーデン人、母親がアメリカ人。マリアンヌという女の子と三人で日本に在住していましたが、不幸にして両親が亡くなりました。マリアンヌが取り残されました。日本では制度によって養護施設に引き取ることになります。スウェーデンからマリアンヌを引き取りたいという申し入れがありました。まだ条約ができていなくて、もめにもめて裁判になりました。

そこに参考人として出廷したスウェーデンの総領事が申しました。「スウェーデンには一人の孤児に対して養育を希望するボランティアが百名います」と。決め手でした。そうなりました。一人の孤児に百名のボランティアがいるという国はどういう国だろうかと思いました。日本では、極端に言えば、百人の孤児に対して一人のボランティアがいるかいないかという時代だったからです。

今は少しずつ改善されております。今、家族から離れて施設で生活している子供が約四万名います。里親に引き取られている子供がようやく三千六百名（平成十九年度）になりました（全国里親会平成二十年度事業報告)。愛されない子供たちを、スウェーデンのように、愛されないのなら親にかわって市民が愛します、地域が世話をします、という市民社会を私たちがつくれるのかどうか。それが私たちに問われています。

愛されない子供として——賀川豊彦

賀川豊彦という人がいました。著名な大宅壮一という評論家が、「二十世紀を代表する日本人十名を挙げろと言われれば賀川を中に入れます。三名と言われても賀川が入ります。もし二十世紀を代表するただ一人の日本人と言われても、私は賀川豊彦を挙げます」と言いました。それぐらい国際的にも著名な人物でした。世界じゅうをキリストを伝えるために伝道して歩き、労働組合運動の先頭に立ち、協同組合を初めて日本でつくりました。また、医療、福祉のセツルメント、あるいは立体農業の普及と、いろいろな方面で活躍をした人物です。

この賀川が、当時、国民病であった結核にかかり余命いくばくもない、と宣告を受けました。余命いくばくもないと言われれば絶望して自暴自棄になり、自殺の誘惑にかられるのが普通でしょう。賀川は、余命いくばくもないのなら自分の命を隣人のためにささげる、と心を決めて神戸のスラムに入りました。一九〇九年、二十一歳でした。このときから数えて二〇〇九年が百周年ということになります。

賀川豊彦はだれよりも社会の人を愛し、世界の人のために尽くした人物です。賀川は、恵まれた家庭で育ったかといいますと、そうではありませんでした。四歳、五歳で父親と母親を亡くしました。

賀川が十五歳のときに養い親が倒産しました。十六歳できょうだい、そして家族を失いました。養い親に東京へ行って進学することに反対され、さらに縁を断たれたのです。賀川豊彦は愛されない子でした。家族の愛を知らない、また愛されない子であった賀川が、どうしてだれよりも愛する人になれたのか。

チャールズ・ロウガン（Charles A. Logan）、ハロルド・マイアーズ（Harold W. Myers）という宣教師夫妻が賀川を愛しました。賀川を抱いて寝て経済的に援助しました。賀川が結核に倒れて漁村の物置でむしろの上で静養し、寝ているときに、マイアーズは喀血《かっけつ》したその血を処理し、二晩、賀川と一緒に添い寝しています。マイアーズ夫妻に愛されて、愛されて、賀川は愛する人になりました。スウェーデンの市民のように、マイアーズ宣教師のように、私たちは、他人である愛されない子を愛することができるでしょうか。それを私たちは問われるのです。

アメリカのクリスチャンの愛

私たちの日本という国は第二次世界大戦が終わったとき、愛されない国でした。世界のどの国からも私たちの国は愛されなかったのです。無謀な戦争を起こし、アジアで残虐行為を重ね、戦いに敗れました。戦争というのは相互に自己主張を譲らず、正義の名において戦います。憎しみを持って戦う。そして勝者と敗者に分かれます。敗れた者は勝者によって、正義の名においてその犯罪を裁かれるのです。日本は敗れた国として、勝った国々に裁かれ支配されました。だれからも愛されなかった。勝った国が負けた国に対して罪（罪悪感）を抱くということはありません。希有《けう》のことです。

ところが、戦争に敗れた日本に対して、勝ったアメリカの中に、広島と長崎に原子爆弾を落としたことに対して、また東京をはじめ都市の空襲によって焼け野原にしたことに対して罪を覚えた人々がいました。アメリカのクリスチャンです。例えば平和主義を標榜するディサイプルス教会の人々が援助の手を差し伸べました。その対象が聖学院です。宣教師を送り、復興資金を聖学院に提供しました。戦争に勝った、そして裁く立場にあるアメリカの人々が、敗れた日本を愛した。それは和解のわざです。和解とは勝った者が敗れた者に対して罪を認めることです。被害者が加害者を許すことです。そして被害者と加害者とが心を開いてお互いに受け入れることが和解です。アメリカの教会は荒廃した日本に対して和解をしたのです。

私たち日本はアジアに対して十分な和解をしておりません。日本は加害者ですが、被害者であるアジアの人々に対して、日本のなしたことを罪として十分に認めたとは、言いがたいでしょう。アジアの人々と心を開いてお互いを受け入れるということは、いまだに実現していません。これは私たちの深い罪です。和解は愛なくしては起こりません。愛において初めて和解は成立するのです。愛とは理解することです。愛とは信頼することです。愛とは喜びも悲しみも、ともに分かち合うことです。愛とはいたわり合うことです。愛とは行動することです。愛とは不義、不正義を喜ばぬことです。そして愛とは許し合うことです。

第二の時期——愛する人になる

自己愛

私たちは愛の人になれるでしょうか。愛された人は愛する人になります。これが人生の第二の時期です。愛する、愛せるのか。

日本で一番有名な泥棒といえば石川五右衛門《ごえもん》です。五右衛門は捕らえられて、京都三条河原でかま入りの刑に処せられました。俗に言う五右衛門風呂に入れられて、かまゆでにあった。五右衛門は子供を連れていました。五右衛門三十七歳、子供は七歳の男の子。昔ですから罪が子に及んで、子供も一緒に投げ込まれたのです。

五右衛門は人の子の親ですから、何とか子供だけは救いたいと願ったでしょう。かまの中で両手で子供を高く差し上げていました。かまの火がたかれて熱くなって我慢できないぎりぎり決着の場面を迎えたとき、五右衛門は助けようと高く差し上げたその子をかまの底に敷いてその上に立ち上がった、と井原西鶴が書き残しています（『本朝二十不孝』巻二―一、岩波文庫）。これが私たち人間の偽りのない姿です。最愛の親、最愛の子と言います。でも人間にとってだれが最愛の存在であるかといえば、間違いなく自分自身です。私たちは自己愛の持ち主です。

若いときに禅の大家といわれた鈴木大拙《だいせつ》という人の仏教の講義を受けたことがありました。講義の後で質問を受けました。あるとき、ひとりの学生が、「原罪（もともとの罪）とは何ですか」とたずねました。大拙は質問した学生を指して、「あなたがそこに存在することが原罪です」、と言い放ちました。私は衝撃を受けました。自分が今ここにある、そのこと自体が罪だと指摘されるのです。自己絶対化のことです。自分だけを絶対化して、人は相対化してしまう。自分だけを愛して、人を愛することができない。それが私たちの現実です。けれど人間は社会的動物ですから、人と一緒に暮らさなければ生きていくことができません。そこでどうするか。

愛せるもの愛せないもの

長崎の出島に初めて行ったとき、出島へ入っていくと左側に大きな案内板がありました。右側の十メーターぐらい離れたところに英語の案内板がありました。物好きですから、ここを二回往復して日本文と英文を読み比べた。出島の歴史が同じく書いてありました。

ただ、一カ所、日本文に書いてなくて英文に書いてある一行を発見しました。そこに出島がつくられた由来は混血児の発生を防ぐため、と書いてありました。出島というのはキリシタンの布教をさせないためにつくったというのが定説です。しかし、差別意識に基づいた混血児の発生を防ぐため、という理由が真相かなと思いました。今は出島に行くと案内板そのものがありません。当時は、日本人は、他民族の血が混じることで血が汚れると考え、血が混じること、つまり他の国の人々を受け入れることを極度に嫌いました。

それでは現代の私たちはどうでしょう。今、世界に千二百万人の難民がいます。その難民の人々を先進国が受け入れています。二〇〇七年、アメリカが約一万八千人、フランスが一万三千人を受け入れました。ニュージーランドは埼玉県民の半分ぐらいしか人口のない小さな国です。その小さなニュージーランドという国が百十五人の難民を受け入れました。

先進国で難民認定が千人以下という国が二つあります。一つがロシアで、二〇〇七年は百四十人でした。もう一つが日本です。四十一人（ＵＮＨＣＲ「二〇〇七年度庇護申請者数と難民」）。私たちは、かつて、外国の人々に対して異人という言葉を使いました。異なった人を受け入れるのに、今でもきわめて消極的です。その反対に、同じ、ということが好きです。日本が植民地として朝鮮を支配していた時代、創氏改名といって親から授かった名前を捨てさせて日本名に変えさせたり、自分の話す言葉をやめさせて日本語を話させた。朝鮮だけで神社を千つくって神社参拝を強要した。同化政策と言います。日本人と同じになれ、違いは許さないと。これが私たちが戦前にとっていた政策でした。違うということは大嫌いです。

もう一つ嫌いなものがあります。弱さです。

私よりもう一世代上の方々が知っていらっしゃる言葉がありました。私は知りませんでした。九十歳を超えた方々が知っている言葉、それは「廃兵さん」です。親が子供をしかるときに使う言葉でした。「おまえは廃兵さんだ」と。役立たず、ろくでなし、ということです。

日本は明治から男子は二十歳《はたち》になると、みんな兵役の検査を受けて軍隊に入り、戦争に行きました。

戦争で負傷します。私たちの時代は傷痍《しょうい》軍人という言葉を使いましたが、その前の時代は負傷した兵隊のことを「廃兵」と呼んだのです。廃兵というのは捨てるという意味です。軍人でさえ戦闘能力を失うと、日本の社会は捨てた。その逆に愛したものがあります。強さです。強さだけ大事にした。強さを失った弱さを軽蔑しました。福祉でいうと戦争が終わるまで福祉に原則がありました。劣等処遇と言います。弱さを持つ人は一人前の人間として扱わない。劣等に扱うというのが日本の原則でした。弱さは嫌い、強さが好き。

私の町の小学校で子供たちに将来何になりたいかとたずねたことがあります。女の子はお花屋さんに、ケーキ屋さんになりたいと答えています。かわいいですね。男の子の第一位はプロサッカー選手、二位はプロ野球選手です。あの鍛え抜いた強さに子供たちがあこがれます。フィリピンの調査を見ると、フィリピンの子供たちが将来目指しているのは、女の子は看護師、男の子は学校の先生です。社会が何を求めているかを子供ながらに敏感に受けとめているのでしょう。

愛する人とされる

私たちは人を愛することができない。でもそれでは生きられませんから、同じ人、強い人だけを愛してきました。それ以外の人を愛することができない。これが私たちの現実です。罪です。ここに神の和解が起こりました。神様が痛みをもって、イエス・キリストを通して私たちの罪をゆるされた。神の和解です。聖書に「私たちが神を愛したのではなく、神が私たちを愛し、私たちの罪のために、なだめの供え物としての御子を遣わされました」（新改訳、ヨハネの手紙第一　四・一〇）と書いてあります。「ここに愛がある」と書いてあります。

神が人間に和解の働きかけをされることによって、初めて私たちが愛する者とされたのです。しかも、いま私たちはここでキリスト教の礼拝をささげました。礼拝というと神様に向かって私たちが拝礼をするのです。ところがドイツ語で、礼拝を意味する言葉 Gottesdienst は「神様が私たちに奉仕してくださる」という意味です。神様が私たちの上に臨んで愛してくださる。

「詩篇」にある言葉です。「命のある限り、恵みと慈しみはいつもわたしを追う」（新共同訳、詩編二三・六）。私たちが神様を求めるのではないのです。神様が私たちを追ってくださっているのです。私たちの上に恵みをもって臨んでおられます。それが神様の和解です。

神の家族

聖書にこういう物語があります。イエス様がたくさんの人に向かって話をしていらした。そこにお母様が会いにいらした。人がイエス様に、お母様が会いにお見えになりましたと言いますと、イエス様は何と言ったか。「わたしの母とはだれのことか」（新改訳、マルコの福音書三・三三）と言われたのです。冷たい言葉ですね。せっかくお母様がいらしたのに、「わたしの母とはだれのことか」と。

バチカン市国を訪れる人が、必ず見て感動をおぼえるのがミケランジェロのピエタ像です。十字架からおろされたイエス様をお母様が抱きしめていらっしゃる像です。イエス様のお母様の慈愛に満ちた姿を彫刻にあらわしたものです。そのお母様がお見えになったのにイエス様は、「わたしの母とはだれのことか」と言われたのです。慈愛に満ちた母の姿を思い描いている私たちには、このイエス様の言葉が理解できませんでした。

戦後、イタリアのパゾリーニという有名な映画監督がつくった「奇跡の丘」という、イエス様の伝記をまとめた映画があります。この映画の中にこの聖書の場面が出てくる。城壁のような高いところから、何百という群集に向かってイエス様が話をなさっている。そこにお母様も見えられた。弟子がイエス様に、お母様がお会いに見えましたと告げます。するとイエス様はそっぽを向かれて、「わたしの母とはだれのことか」と言い放つのです。パゾリーニが描いたイエス様の目に涙がたまっていました。この映画を見るときに感動する場面です。

イエス様はお母様を、家族を否定されたのではないのです。すべて神の家族だとし、あなた方は神の家族であって、もはや寄留人も外国人もない、すべて神の家族だと。「神のみこころを行う者はだれでも、わたしの兄弟、姉妹、また母なのである」（同三・三五）とおっしゃった。神の家族である、と。神の家族の一員として私たちは人間家族を営むのです。

キリシタンの時代（一五三二―一五五五年）、九州にルイス・デ・アルメイダというポルトガル人が来ました。貿易商で、医者でした。日本で修道士となり宣教師になりました。この人が孤児院を開いた。愛されない、親のいない子供を養いました。近隣からごうごうたる批難を受けました。それはアルメイダが、武士の子、町人の子、農民の子を等しく育てたからです。身分社会では、農民の子は武士の子に口をきくことを許されませんでした。なのにアルメイダはすべての子は神の子であると言ってまったく平等に育てたからです。身分の違いをアルメイダは超えました。

イギリスのキャヴェル（E. L. Cavell）という看護師は、第一次世界大戦のとき敵味方の区別なく兵士を看護しましたが、ドイツ軍占領下のベルギーからイギリス・フランス・ベルギーの兵士たちを中立国オランダに逃がしたために、ドイツ軍に処刑されました。

処刑されるとき、キャヴェルは「愛国心だけでは十分ではありません。私は恨みも憎しみも持っておりません」と言ったそうです。処刑されたキャヴェルを、英国では知名人だけが葬られるウエストミンスター寺院に葬りました。皆さんがロンドンに観光に行くと必ず訪問する場所にトラファルガーという広場があります。その一角にキャヴェルの銅像が建てられていますが、そこに、「愛国心だけでは十分ではありません……」というキャヴェルの言葉が記されています。スパイとして処刑されたキャヴェルを英国の人々は英雄にしているのです。

ドイツで障害のある子供がいますと、ドイツの人は、「ベーテルの子がいるね」と言います。ベーテルというのは、今から百五十年ほど前にドイツの教会がつくった障害者の村です。日本はこの村をモデルにして群馬県に五十万坪の障害者の総合施設「国立コロニーのぞみの園」（一九七一年開園）をつくりました。ベーテルから学んだのです。

ベーテルは障害者の村としてドイツで大変有名です。だからその村のことをイメージして、障害のある子供を、「ベーテルの子」とドイツの人は言うのだと思います。ベーテルとは、もともとは「神の家」という意味です。障害のある子供は神様のうちの子供だと言って大事にしているのです。

長崎県に外海《そとめ》という村があります。遠藤周作の『沈黙』の舞台になったところです。キリシタン村です。そこにキリシタンの墓地があります。平板な石積みのお墓が何十と並んでいます。キリシタンは亡くなると、その墓に順番に葬られました。墓がいっぱいになると、その上にまた順番に葬られてきたのです。そこでは、家柄、身分、職業はまったく関係ありません。

神の家族の一人として葬られ、名前さえ残っておりません。神の家族です。この神の家族とされ、大切にされている私たちは、人を尊《とうと》ばなければなりません。人権を尊重し、人の人格を大事にするのです。人格とは神に向かってつくられた存在という意味です。人格に対して畏敬の思いを持ちます。

和解の心

人間国宝の上方落語家、桂米朝《かつらべいちょう》を私は好きです。米朝は、阪神・淡路大震災の十三年前から、尼崎に住んでいました。尼崎全体は大きな被害を受けました。米朝の町も被害を受けました。ところが、米朝の家だけ無傷だった。一軒だけ無傷。私なら「助かった」、「良かった」と言うと思いますよ。ところが、米朝は、「申し訳ない」と、近所に頭を下げました。自分の家だけ助かってラッキー、と言わないんです。ほかの人々が被害を受けて自分だけ安全地帯にいて申し訳ないと。

沖縄に「ちむぐりさ」という言葉があります。肝が苦しむという意味です。沖縄で四人に一人の県民が戦争で死にました。十五万人の人々が死んで、生き残った人々がいる。その生き残った人々が、戦争で死んだ人々に対してすまないと。それが「ちむぐりさ」という言葉です。これが和解の心です。

恵まれた人が恵まれない人に対して申し訳ない、健康な者が健康であることを幸せと感ずるのでなく、病者に対してすまないという思いを持つことが和解の心です。

隣人を愛する

今は合併してなくなりましたが、三和銀行という銀行がありました。この銀行の頭取であった川勝堅二さんは、聖学院の名誉理事長の速水優さんの親しい友人です。川勝堅二さんからうかがった話ですが、川勝さんがロンドン支店長をしているときに、財界人の方々が、パーティーなどで夫婦でよく集まることがあったそうです。奥さんたちは奥さん方同士で輪をつくっていろいろと話し合いをします。話がボランティア活動になり、川勝夫人が、「私はボランティアをしていないで恥ずかしい」と言いました。そして川勝夫人はボランティア活動に参加しました。夫の堅二さんが、「妻がボランティアをすることはいいんですよ。でも私まで巻き込まれて連れて行かれましたよ」と笑いながら言っておられました。

ボランティアというのは、しても、しなくてもいいんです。自主的です。自主的なのに、それをしない、隣人とかかわりを持たない、隣人を愛さないことは恥ずかしい、と言わしめる社会を英国はつくったのです。その土台の上に福祉国家が建ちました。

聖書には、「ふたりはひとりにまさる」（口語訳、伝道の書四・九）と書いてあります。これもおもしろい言葉です。一人より二人のほうがいい。なぜ二人がいいかというと、倒れたときに助け起こせるからというのです。

一九九五年一月十七日に阪神・淡路大震災が起こりました。六千四百名の方々が命を失いました。一番大きな被害を受けたのは神戸市の長田区です。この長田区で救助された四人に三人は、市役所でなく、警察でなく、消防でなく、自衛隊でもなく、近隣の人々が助けたのです。倒れた家屋から隣の人々が助け出したのです。この助け助けられる、愛されて愛する、これがサービスという意味です。長田区の人々はそれを経験しました。

在日韓国人の方は日本の老人ホームでコミュニケーションがうまくとれないことから嫌な顔をされることがあります。この長田区の人々は、在日韓国人を老人ホームに温かく迎えています。助けられたという体験が、韓国の人々を助けるという思いに向けたのです。愛された人が愛しているのです。愛した人は再び第三の時期に愛されます。

第三の時期——再び愛される

人生の完成に向かう

一昔前、「ぽっくり信仰」がはやりました。方々に「ぽっくり寺」があって年寄りはみんなお参りに行きました。ぽっくり死にたいと言うのです。その理由は痛み苦しんで死にたくない、寝たきりになりたくない、家族に迷惑をかけたくないからです。お年寄りたちは、実に日本人の心情らしい願いを持っていると思います。

ヨーロッパの人々は、たとえ痛み苦しんだとしてもぽっくり死にたくないんです。そのわけは年老いたら自分が歩んできた人生をゆっくり振り返りたい。友達に別れを告げたい。家族に感謝したい。何より天国に行く準備をしたい。だからぽっくり死にたくない。ここからホスピスという思想が生まれました。これは私たちの死生観との大きな違いです。私たちは人生を山に例えて、働ける間は上り坂、老いたら下り坂をおりていく。一番ふもとには奈落の底をのぞく死が待っているので恐怖です。光が差さないのです。

でも、ヨーロッパがつくってきた思想は違います。

私を福祉にかかわる仕事に誘ってくださったトムソンという宣教師の先生がおられました。この方がアメリカの老人村で亡くなりました。その葬式の席で一人息子が、いらした方々に対するあいさつの中で、「きょうは父親のセレブレーションです」と言いました。父を失った葬儀の席で、「きょうはお祝いです」と言ったのです。天国に迎えられるお祝いを指したのでしょう。

このような死生観において、人生というのは下り坂がなく、最後まで上り詰めるのです。上って上って上り詰めたところに死がある。そこは天国への門が開かれるところです。これを自立というのです。自立というのは身辺整理を自分でできることだけではないのです。自立とは人生の完成に向けて最後まで歩き続けることです。今、その自立することを支援することを福祉では重要なこととととらえています。自立支援、つまり支援、サポートすることです。

サポートに二つの意味があります。一つは下から上へ運び上げることです。上から下ではないのです。もう一つは耐えることです。大変つらいことですね。人生というのは耐えなければなりません。何があっても耐えなければなりません。負けてはなりません。聖書には、「苦難は忍耐を、忍耐は練達を、練達は希望を生む」（新共同訳、ローマの信徒への手紙五・三―四）、と書いてあります。さまざまの苦難があります。でも、それに耐えることによって自分を深め、人を高め、ともに新しい希望をつくるのです。

愛し愛される——誠実な人生を

愛される。この聖学院ほど愛されている学校を私はほかに知りません。子供たち、学生諸君、保護者、卒業生、教職員、みんなでオール聖学院ファミリーをつくっている。この温かい輪の中に諸君が置かれているのです。諸君の先輩たちは、この大学で育って大学から全世界に散らされ、そして活躍をしています。諸君もここを卒業して社会へ出て、さまざまの分野で、さまざまの職業につき、あるいは家庭で生涯を送ります。つらいことが多いです。でもそれに耐えなければなりません。

ホスピスというのは、正確にはパリアティブ（palliative）・ケアと言います。パリアティブというのは、痛みを和らげる、緩和することです。パリアティブという言葉のもともとの意味は、上着を脱ぐことです。自分の上着を脱いで、痛み苦しんでいる患者にかぶせる。患者は寒さを防ぐことができます。上着を脱いだ自分は寒くなるのです。寒くなるのを承知の上で、あえて上着をかぶせるのです。

聖学院大学が二十年前に一歩進み出て上着を脱いだのです。その上着を諸君にかぶせたのです。上着を脱いだ大学は苦労の連続でしょう。なぜ上着を脱いでかけたか。そうすることにより、上着を脱いだ人と、かけられた諸君とが、共に心を温められ、共に育ち、共に豊かにされるからです。大学は諸君と一緒に豊かに今日まで成長を続けました。

苦労の中から希望を諸君と分かち合ってきたのがこの大学の二十年の歴史です。諸君が社会に出てそれぞれの仕事をします。中には派手で人々の注目を集める働きもあるでしょう。中には人から見られず、顧みられず、ひっそりと自分の仕事に専念する人もあるでしょう。「見る人のためにあらず奥山に　おのが誠を咲く桜かな（見ん人のためにはあらで奥山におのが誠を咲く桜かな）」と、新渡戸稲造が歌いました。どういう社会に出ていっても希望を持って誠実に生きてほしいと思います。

宗教改革者マルティン・ルターは、「明日この世の終わりが来るなら私は今日リンゴの木を植えます」、と語ったと伝えられています。これは信念です。確信です。そして祈りです。諸君のお一人びとりがこの大学が生み出してきたその希望に生かされて、お一人びとりの大事な人生を愛し、愛されて、人生を送ってほしいと思います。大学とともに、諸君お一人びとりがこれからの大切な尊い人生を送られるように祝福を祈ってやみません。「強く、また雄々しくあれ。あなたがどこへ行くにも、……主が共におられるゆえ、恐れてはならない」（口語訳、ヨシュア一・九）。

（二〇〇八年十月三十一日、聖学院大学チャペル）

福祉教育における宗教の役割

長谷川匡俊

福祉と宗教のかかわり

私に与えられた演題は「福祉教育における宗教の役割」です。このことを考えてまいりますと、おそらく学校・家庭・社会を含めた宗教教育の必要性や可能性の問題が欠かせないように思われます。

一昨年（二〇〇六年）のちょうど今ごろ、十二月十五日に教育基本法が改正・成立いたしました。この法律についてはいろいろ議論がありましたが、とにもかくにも教育基本法の改正の中で教育という面で宗教がどのように扱われることになるのか、とくに宗教に関する一般的な教養を教育上、尊重すべきことが追加されたところが変更点といえば変更点になるわけです。そのような中で公教育の現場でどうなのか、あるいは家庭の中で宗教教育がどのような状況にあるのか、また宗教的な環境そのものがずいぶんと様変わりしていることは皆さんもおわかりかと思います。そして、地域社会そのものが、かつてあったような共同体のいわば精神的な紐帯《ちゅうたい》をなしていた寺院や神社、祭礼、行事などもずいぶん様変わりしてきております。

そういった現在の宗教的な環境下で、今後は宗教教育の問題を幅広く考えていかなければならない、そういったことがやはり根っこには考えられてしかるべきであろうと思います。しかし、ここでは福祉と宗教の望ましいかかわり方を考えるほんの一助となればという思いでこれから申し上げます。

人の見残したものを見る目

まず第一に、「人の見残したものを見る目」という表題を上げさせていただきます。

実は今年（二〇〇八年）の九月、私ども淑徳大学の創立者である長谷川良信が半世紀前にブラジルのサンパウロに設立した知的障がい児・者施設「こどものその」の創立五十周年記念の式典があり、参列させていただきました。

なぜブラジルなのか。日本とブラジルは第二次世界大戦中、いわば敵対関係にありましたから、戦後もしばらくはまだ国交が回復せず、国交が回復したのは一九五二年です。つまり十年あまり国交が断絶していたのですが、回復して間もなくから、戦後の日本のブラジル移民が始まりました。そして移民が始まって間もなく長谷川良信はブラジルに渡り、日系人社会の生活実態を詳細に調査しながら福祉的なニーズを把握しようとしました。その結果、知的障がい児・者施設を設立するに至るわけです。最初は日伯寺という寺院を多くの支持者のもとに設立して、その寺院に日伯寺学園を付設し、その学園の事業の一環として、最初は九名の知的障がい児の方々を迎え入れました。それから治療教育活動が始まったわけです。そこに至るまで知的障がいの方々がどういう状態に置かれていたかという詳細は私にもわかりませんが、おそらく社会的な偏見や差別のもとに、家庭の中から外にお子さんを出すことさえはばかられるような不遇な状況に置かれていたとみられます。しかも、それまで思いはあったのでありましょうけれども、残念ながら、だれ一人としてその問題にこたえて立ち上がることがなかったわけです。

そういったことを考えてみますと、長谷川良信の取り組みはまさに、「人の見残したものを見るまなざし」において、人権が踏みにじられていた子供たち、また世間を狭くせざるをえなかったご家族の方々の思いを担って、こうした施設の創建に至るわけです。式典に参列して、私はあらためてそのことを強く感じさせていただきました。その施設に至る通りは「Rua Professor Hasegawa（長谷川教授通り）」と称されております。どうもブラジルではその土地に貢献した方の名前を道路の名前につける習慣があるようでして、現在も「こどものその」の住所は「長谷川教授通り何番」と記載されているわけです。

ところで、昨年（二〇〇七年）、生誕百年を迎えた「旅する巨人」と称される民俗学者の宮本常一《つねいち》という方がおられます。彼の生涯はまさに旅から旅へ、地球は一回りで四万キロだそうですが、生涯十六万キロ、つまり地球四周分を歩いたというほどでありまして、全国の地図に彼が歩いたところを赤い印をつけていくと地図上が真っ赤に染まってしまうというほど、なめるようにして国内各地を歩かれた方です。その宮本が生涯大切にしていた父の訓《おしえ》の一つに、「人の見残したものを見るようにせよ。その中にいつも大事なものがあるはずだ。あせることはない。自分のえらんだ道をしっかり歩いていくことだ」というのがあります。

この言葉は常一が十五、六歳で生まれ故郷の瀬戸内海に浮かぶ島の一つの周防大島を離れて大阪に向かうときに、父から授かった十カ条の訓《おしえ》の最後に出てくるものです。民俗学者として伝統的な庶民の生活文化、あるいは伝統文化に寄せる温かくどこまでも周到な宮本のまなざしは、ここから来ているのかもしれません。翻って社会福祉の実践に求められる視点や態度も、またこうでありたいと思います。

福祉の問題は、社会的弱者、偏見や差別にさらされた人、多数者ではなく少数者、制度の谷間に落ちた人等々、一般に人の見残したところにあるのではないでしょうか。また宗教には世間の価値を否定ないし相対化し、世の光が当てられていないところに光を当てることに本領があるのではないでしょうか。今日でいうならば、市場原理主義的な価値観に対する異議申し立てでもあるわけです。福祉の実践が宗教的な人間観に支えられたとき、「人の見残したものを見る目」はより確かなものとなる可能性があるでしょう。

マタイによる福音書の第二五章四〇節にあります「わたしの兄弟であるこの最も小さい者の一人にしたのは、わたしにしてくれたことなのである」（新共同訳）、という言葉が当てはまるように思います。開拓的な事業が誕生するのはおよそ上記のような契機によるものではないかと思います。

社会福祉の原型の理解と宗教（の役割）

次に、社会福祉の原型の理解と宗教（の役割）について考えてみたいと思います。

そもそも社会福祉の原型には一般に相互扶助、政治的救済、宗教的慈善の三つがあると言われます。その性格はそれぞれの時代の歴史的・社会的条件に規定され、かつ相互に強弱関係をはらみながら入り組んだ形をとっています。つまり相互扶助を中心にした時代、あるいは宗教的慈善が大変大きく脚光を浴びる時代・社会があり、さらには今日のように公的な福祉制度を中心に他の二つが複雑に絡み合って展開している現状があります。そういう意味から申しましても、現代社会にあって宗教的慈善（福祉）は民間社会福祉の一翼を担って重要な位置を占めていることはご存じのとおりです。

歴史の中に慈善や福祉の実践主体を探ろうとすれば、宗教者や宗教組織、団体、寺院や教会などの事業や活動は枚挙にいとまがありません。近代的な慈善事業や社会事業の先駆者として石井十次《じゅうじ》、留岡幸助、渡辺海旭《かいぎょく》、長谷川良信などの実践記録をひもとくだけでも学ぶところは大なるものがあろうかと思います。福祉教育における宗教の役割を問おうとするならば、歴史的な視点や歴史研究の成果に学ぶ姿勢が何より肝要だと私は考えます。

宗教の意義と日本の精神（宗教）文化の所産としてのことばを考える

さて、少し角度を変えて宗教の問題に触れてみたいと思います。

あらためて宗教とは何かと問うとしますと、それこそその答えの数ほど宗教についての定義はあると言われるほどです。そのような中で宗教哲学者の笠原芳光氏が「人間と人間を超えたものとの関係の体系」と書かれていることに目がとまりました（「こころの歳時記――宗教とはなにか」『中外日報』二〇〇七・三・三）。この言葉が、今の私には端的に宗教の宗教たるゆえんを言いあらわしているように思うのです。もちろん万物の創造主としての神と被造物としての人間との関係が問われる一神教的な場合と、山川草木に神仏を感じ、やおよろずの神々の世界になじむ多神教の場合など、宗教による神仏観の違いを認めた上でのことです。

ちなみに笠原氏は、「人間の根源には不可解な問題があり、宗教はそのことを解明しようとする精神文化である」とされ、宗教の本来あるべき目的について「それは人々に信仰を確立させ、真理や真実を取得させることではない。人間として新しく生きる道を探求せしめ、それによって生きがいを見出させること、信仰者よりも求道者こそがそれにふさわしい生き方ではないか。求道がそのまま信仰なのである」と傾聴すべき見解を述べています。

いま申し上げたことにも関連して、宗教の意義について、さきの中央教育審議会答申（二〇〇三・三・二〇）ではどのように記されているのかを確認いたしますと、「人間としてどうあるべきか、与えられた命をどう生きるかという個人の生き方にかかわるものであると同時に、社会生活において重要な意義を持つものであり、人類が受け継いできた重要な文化である」と述べています。つまり、人間の生き方や生きる意味に深くかかわり、かつ重要な文化として継承されてきたところに宗教の意義があるということでしょう。

ここで若干、「日本人の精神文化、宗教文化の所産としてのことば」と「福祉の心」に関連して、私の感想めいたとらえ方をお話しいたします。

「ありがとう」「どういたしまして」「おかげさまで」「もったいない」「いただきます」などの言葉は、その語義からいっても、目に見えるものも見えないものも含めてあらゆる命に対する感謝や慈しみ、そして畏敬の念をもあらわす精神性に基づくものであると考えられます。もしそうだとするならば、日本人の宗教観あるいは宗教的感性と不可分のものであり、その根底にあるのはあらゆる命はつながっているという深層意識ではないでしょうか。そこに日本人が育ててきた福祉の心の大切な部分があります。それだけに、宗教離れが進む家庭、地域、学校、それぞれにおいて、宗教ないしは宗教文化教育の可能性を考案すべきときだと考えます。

社会福祉を内面から支える宗教

次に、社会福祉を内面から支える宗教という点について述べてみたいと思います。

福祉との関係で宗教のもう一つの側面として、社会福祉を内面から支える役割があることに注意したいと思います。例えば私もずいぶんお教えを受けました社会福祉史学者の吉田久一先生が、宗教に「福祉価値創造の根源的役割」を期待して、危機下の現在の社会福祉の内面的価値について次のように提起しています。「私は現在の社会福祉混迷の打開の一つを福祉価値に求めるとすれば、世界的視野からみて、『自立―ノーマライゼーション―普遍化』と『共感―共生』の二点に尽きるような気がしている」と述べられ、さらに「『自立』は欧米、とくにキリスト教に源を持ち、『共生』は東洋、すぐれて原始仏教に根を持っている。この両者が社会福祉の混迷を打破し、社会福祉を内面から支える価値観のように思う」とされています（原典仏教福祉編集委員会編『原典仏教福祉』解説、淡水社、一九九五）。いま政治経済の混迷の中で福祉の揺らぎが非常に激しくなっています、あらためて福祉の内面的な価値の創出と共有が求められているように思います。

福祉における自立と共生

そこで一つの例として、福祉における自立と共生について仏教思想の立場から考えてみたいと思います。

ご承知のように近年福祉の分野で強調される自立生活理念の中核は、自己決定権にあるわけですが、もう一つの重要な側面は自立的依存を前提にしていることだと言えます。つまり、生活保護や福祉サービスの利用を前提としてその上に打ち立てられる自立で、言い換えれば自立的依存とは依存を前提とする自立であるという考え方です。元来、依存というものは自立の反対概念でありますが、いま申し上げましたように生活保護や福祉サービスを利用するという依存を組み込んだ自立の提唱です。

仏教に縁起という考え方があります。これは「因縁生起《いんねんしょうき》」という仏教の根本思想でありますが、あらゆる物事が原因と条件、因縁によって生起する、また因縁によって消滅する、つまり、かかわりにおいて成り立つという考え方です。その仏教の縁起説によれば、人間——あらゆる存在と言ってもいいのですが——は、相互に依存関係を結ぶことによって初めて成立しうる存在ですから、自立は原理的には共生を待たなければならないと思います。ここに依存をネガティブにとらえるのではなく、共生に止揚する契機として依存の意味を見いだすことができるのではないでしょうか。また、昨今の環境問題などを視野に入れたとき、仏教の共生思想はこれまでの人間中心主義から、他の生命との共存・連帯を目指す新しい福祉理念の構築に資するところがあるかと思います。

利用者主体のサービス——福田《ふくでん》サービス

また、社会福祉の基礎構造を改革することがすすめられています。そのとき、今日にも浸透しつつあります利用者主体のサービスという問題があります。この問題を仏教の観点からどうとらえ返すことができるのか、少し触れさせていただきます。

利用者主体の理念が社会福祉サービスの提供過程に真に生かされるためには、利用者保護の制度的な整備とともに、提供者側にも価値観の転換が図られなければならないと考えます。その思想として仏教の福田《ふくでん》思想について少し申し上げたいと思います。

仏教では善事を継続的に行い、これを完成していくことを「福徳」と呼んでいたのですが、後に「福田」と呼ぶようになりました。それは、善き行為の種をまいて、功徳の収穫を得る田地、あるいは幸福を生み出す田という意味から来ています。福田には二福田、三福田、四福田、七福田、八福田といった多様な福田が伝えられています。

わが国の歴史にあっても、聖徳太子の創建伝承があります大阪の四天王寺の四箇《しか》院という四つの施設です。これは敬田《きょうでん》院、悲田《ひでん》院、施薬《せやく》院、療病《りょうびょう》院と言い、言うなれば教育的な施設、身寄りのいない孤児やお年寄り、生活困窮者の施設、薬草を栽培し医療に役立てる施設、貧しい人たちの救療施設など、多様な機能が四箇院の中にはおさめられていたと伝えられております。これらは福田思想が根っこにあって建立されたものです。看病福田というのは、この福田思想の中でもよく取り上げられています。

こういった福田思想が仏教者の社会的実践の原動力となっていたことは、歴史的にはよく知られているところです。ここで見逃せないのは、布施などの善行をするための対象を福田と称している点です。つまり実践する主体、行じる主体、すなわち自己（サービスの提供者）よりもこれを受け入れる対象、他者（サービスの利用者）に重い意味づけが与えられていることです。自己の未来に福をもたらす源泉または根拠となるものが他者ないし相手のほうにあるからでして、「おれが」という思い上がった態度ではなく、「させていただく相手（利用者）あっての私（提供者）」といった、仏教でいう自他不二《じたふに》の考え方が貫かれていることがわかります。

先ほど看病福田と申しましたけれども、看病という行為は病人がいて初めて成り立つわけです。もちろん医療行為そのものがすべてそうだといえばそうなのですが、医療行為は専門的なことです。しかし、看病はその気になれば身近な家族のほかだれにでもできることです。その看病という行為は病人があって初めて成り立つ。つまり、看病という功徳を積む行為を通して看病する者が報われていく、看病する者が育っていく、看病する者の中に幸福が得られていくというふうに考えていただければよいかと思います。

このように利用者と提供者の関係を、前者は後者のパートナー、対等な関係とみなし、利用者本位で提供される福祉サービスのあり方こそ、まさしく福田サービスではないかと考えます。

以上、自立と共生に関連して、私はキリスト教については不勉強であまり皆様方の前で申し上げるだけの蓄積がありませんので、仏教の思想を通して今日の福祉価値、あるいは福祉実践の中で人間観というものが重視されているその代表的な一つとして、利用者主体の仏教的な受け止め方について触れさせていただきました。

福祉思想史の鉱脈を考える

吉田久一先生はこういうことも申されております。「社会福祉は、資本主義社会の矛盾が生み出す社会問題、とくに生活問題、さらに加えて精神不安、そこから生まれるニーズの解決や克服に、相対的・独自的な役割をもって当たる社会的・歴史的実践」である（『日本社会福祉思想史』川島書店、一九八九）。このように社会福祉を規定しております。その上で資本主義社会対社会問題だけを社会福祉思想史と考えるならともかく、総合史として見た場合に、明治以降百二十年の資本主義社会の社会福祉思想だけで、千年に余る国民生活の経験である福祉思想を見ることはできない。明治以前を欠けば、明治の慈善救済思想を解けないばかりでなく、近代社会事業思想はその対決相手をも見失うことになる。そして、社会福祉のグローバルな現代的要請にもこたえられなくなるであろう、と言っておられます。私たちには、福祉思想史の鉱脈の中から宗教の役割や課題を掘り起こし、そこから現代の社会福祉に問題を提起することが求められているのではないでしょうか。

たしか吉田先生が亡くなられる二年ほど前でしたか、数人の弟子たちというか、教えを請うていた者が集まりまして、「先輩からの助言」ということで、吉田先生から社会福祉学研究のあゆみについていろいろ聞き取りをさせていただきました。その聞き取りは午前から夕刻にまで及ぶ長時間にわたるもので、その最後のところで後学に対するいくつかの苦言をちょうだいいたしました。そのときにとくに私の耳に残っておりますのは、やはり近代以前の福祉思想の鉱脈というものをしっかり押さえていかなければならないということです。明治以降の百年、ないしは百二十年、三十年のところでだけ福祉を語っているようでは、これは決して十分とは言えない。日本が世界に向かって発信できる福祉思想の鉱脈を千三百年のスパンで、もっと考えなさいということを厳しく言われたことです。

信仰と社会（福祉）——種々の差別問題を通して

宗教者にとって、その内面的な個人の信仰の進化がそのまま外面的な社会的矛盾への関心や問題意識に結びつくものではないことを直視する必要があると思います。信仰が深まればそのまま社会への関心も広がり深まっていくとはいかない問題があるのではないか。例えば自戒を込めてこれまでの経過を顧みたときに、宗教者ならびに宗教団体は、同和問題やハンセン病問題をはじめ、人権が踏みにじられるようなさまざまないわれなき差別をなおざりにしてきたばかりでなく、差別に加担し、差別を助長してきたという事実があることに真摯《しんし》に向き合わなければならないと考えます。

例えば多くの仏教者の過ちは、差別の現実から目をそらし、差別を心の問題にすり替えてしまった非論理性にあるのではないでしょうか。あるいは仏教は差別をしないといった建前にとどまって現実の差別事象を容認し、その上で宗教的な救いが説かれるという過ちを犯してきたと言ってもいいでしょう。そうした反省に立つとすれば、何よりも欠かせないことは、差別、すなわち人権が著しく侵害されている、あるいは侵害されてきた現場に学ぶという姿勢と行動です。福祉問題への仏教者の発言

は、どちらかというと抽象的ないしは観念的な次元にとどまって、現実の課題と切り結ぶところが欠落してしまいがちです。それだけに人権にかかわるような問題や課題については、歴史的・社会的な視点と論理性、「現場に学ぶ」という姿勢が肝要であることを確認しておきたいと思います。

こうした反省は、例えば吉田久一先生が仏教福祉の問題点として三つの指摘をされておりますが、そのことにも通じるところがあります。ご紹介いたしますと、例えば一つは、歴史的・社会的視点の薄弱さです。とくに資本主義社会について言える、仏教は反福祉的な社会や政策に対して、その抑止力や批判力になりえなかったという厳しいご指摘。二番目には、感性的実践にはすぐれているが、社会的普遍性や論理性が弱い。社会福祉実践はその感性に普遍性や論理性が伴わなければならない。三つ目としては、縁起、相関、共存性は重要であるが、近代福祉は自立やもう一つの自律が特色である。仏教福祉は人権・人格・自立を吸収しながら共生を実現しなくてはならない。このように晩年におっしゃっていました。福祉教育に宗教者がかかわる場合、とくに注意しなくてはならない点でもあります。

死への福祉の視点と宗教

最後になりますけれども、「死への福祉の視点と宗教」について若干触れさせていただきます。

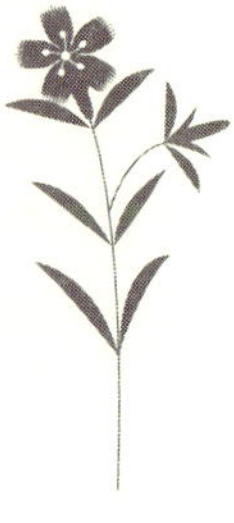

「揺りかごから墓場まで」から「生者の福祉」＋「死者の福祉」へ

生・老・病・死を仏教では「四苦《しく》」といい、釈迦は四苦からの解脱を目指して修行し「仏陀」となられた。四苦からの解放、その結果としての悟り。考えてみるとこの四苦それぞれの場面こそ、実は私たちの人生の中で最も福祉的援助が求められるステージでもあるのです。

福祉的援助の対象は、一般的に「揺りかごから墓場まで」と言われていますけれども、この対象の見直しも求められています。

都市社会学の権威者で、国際的にも人権運動などで活躍されていて、すでに故人となられましたが、磯村英一という先生がいらっしゃいました。淑徳大学にお招きして講演をいただきました折に、磯村先生がこの言葉を取り上げられて、墓場がきちんと用意されていないのではないか、これで福祉と言えるのかという問題を投げかけられました。「揺りかごから墓場まで」はもちろん英国の福祉国家の基本的なコンセプトで、すでに第二次世界大戦中にベヴァリッジ（William Beveridge）によって打ち出されたものです。日本もまたそこに学ぼうということでしばしばこうしたスローガンを掲げましたが、磯村先生は墓場が用意できていなくて、それで本当の福祉国家かと訴えられた。訴えられていたご自身が、「もやいの会」、「もやいの碑」の運動を展開されていました。

「もやい」というのは先ほど互酬の話が出ましたけれども、要するに村落における共同作業です。いわば相互扶助的な組織のもやいというのがあります。その「もやいの会」を立ち上げて、例えば行き倒れの方、行旅死亡人、あるいは今でいえばホームレスで亡くなられた方、そういう身寄りのいない、縁者のいない方々に墓場を用意する、こういう運動を展開されました。すでにそのとき二千人余りの賛同者、申込者がおられるという話をうかがいました。そこで私は、生者の福祉はむろん言うまでもありませんが、同時に死者の福祉、あるいは死への福祉という視点がますます重要になってきているのではないかと思います。とすれば、そこに宗教の役割が求められるはずです。

ターミナルケアの目的は「その人らしい生の全う」をケアすること

福祉的援助の対象の見直しの背景には、長寿社会の到来ということがあります。それは端的に言えば、死と向き合う時間が長くなってきたということです。ですから、現代では福祉的なターミナルケア、広井良典氏の言によれば「医療モデルから生活福祉モデルへのターミナルケアの転換」(『ケアを問いなおす――〈深層の時間〉と高齢化社会』ちくま新書、一九九七)が要請されているということになります。

ターミナルケアの目的は「その人らしい生の全う」をケアすることです。すなわち当事者の死生観を尊重することが大切であり、宗教的なニーズがある場合にはこれにこたえることが求められます。日本人の死生観が多様化する中で、福祉教育における死生観教育はますます重要性を増しています。前に聖路加看護大学理事長の日野原重明先生のお話をおうかがいした折にも、看護職者の教育や福祉の専門職の教育において死生観教育の重要性を強調されていたことを思い出します。死生観教育を実践していく上では、やはり宗教的な知識・教養、また自分自身の死生観をどのように培っていくかということが欠かせないと思います。

日本的ターミナルケアの原点――「臨終行儀」

日本的ターミナルケアの原点として、わが国には「臨終行儀」という伝統がありました。これは人が死と向き合う人生最期の迎え方、および、そのみとりのあり方に、仏教に基づき一定の心得と作法を示したものです。私はかつてこの臨終行儀に着目して、古代から近代初頭に至るまでどのように臨終行儀書が編さんされ、刊行されてきたのか、その内容を確認したことがあります。むろん時代や社会が激変し、多様化しつつある死生観の中でこうした伝統的な儀礼や方法がそのまま当てはまるわけでもありませんが、そのような死をめぐる文化の伝統をもう一度見直していく、とらえ直していくことも必要なのではないでしょうか。

ターミナルケアという横文字になりますと、日本にはターミナルケアがなかったのではないかと若い学生などは思いがちでありますが、少なくとも死の文化は、これは有史以来どの民族においても存在していたと思います。したがいまして、そうした民族の死生に関するとらえ方、方法から学んでいくということも一つであろうと思います。

おわりに

最後になりますが、仏教の一つの見方として、ターミナル（終末）ケアというよりもそれはスターティング（始まり）ケアではないかということです。例えば浄土教でいえば浄土へのスターティングケア、さらに言うならば、ターミナルがなくなっていくためのケアではなかろうか。つまり、それで終わりということなのかどうなのか、こういう問題はきわめて宗教的な生命観などとかかわってくると思います。

何がしかのご参考に供することができれば大変ありがたく思います。以上をもちまして私の話を終えさせていただきます。

（二〇〇八年十二月十三日、聖学院大学ヴェリタス館教授会室）

49

横浜市 寿町《ことぶきちょう》からの発信

濱野 一郎

私は長谷川先生のお話をうかがいながら、かなり交差する点、交わっている点があるのではないかと思いました。とても安心して、寿町というところの実態を、ひたすら紹介に努めたいと思います。

私は二〇〇八年の三月まで聖学院大学大学院で教えておりました。大学教員生活四十五年間になりますが、実は寿にかかわっているということと、大学にいるという気持ちとが非常に複雑にぶつかっておりました。私の専門は「地域福祉」と言うのですが、地域福祉というのはものすごく広いわけです。自治体の問題を中心にしていろいろとやらなくてはいけない。その原点にある本当の意味での人々の生活とは何だろうかということをずっと考えてきたのですが、大学にいるとやはり見えないところがどうしてもある。これは経済学や非常に理論性の高い伝統のある学問であれば別かもしれませんが、福祉というものは理論だけではうまくいかないなと思っていました。寿には今から十二、三年前にかかわったのですけれども、大学の授業に追われてなかなか寿町に行けなくていらいらしながらきたのです。退職してそういう場が得られてとてもうれしく思っています。

ところが困ったことに、私は案外人嫌いなのです。人との接触がうまくないのです。これも自己紹介を含めてお話ししますと、川上弘美という小説家を知っていますか。その作家が『どこから行っても遠い町』という小説を書いています。その作品の中にこんなことを書いています。人が好きじゃない人の話が出てくる。この主人公は実は正社員として公務員とかいろいろなところに勤めるのです。ところが、その間に犯罪に巻き込まれたり、いろいろなことをして首になってしまいます。それで四回も正社員の首をどんどん切られていって、最後に行き着いたところが介護の仕事だという筋立てになっているのです。読んでみますと、「実際に介護の仕事を始めてみると、人とかかわらないということは不可能だということがすぐにわかった。僕はたくさんの女に、そして男にかかわらざるを得なかった。女も男も大抵長く生き続けている、大抵確固たる自我を持っている、大抵こちらに向かって意識し、いろんな意思を投げつけてくる」、こういう文章です。

これは私が寿で感じたこととよく似ています。みんな長く生きている、それでビシビシと意思を投げつけ、ぶつけてくる。そのあたりはすごく実感として感じるのです。

寿というところ

寿町というところはご存じの方も多いと思いますけれども、一応紹介させていただきます。

寿地区は二百五十メートル×三百メートルぐらいの地域で、百二十二軒の簡易宿泊所（通称ドヤ）

があり、三畳程度で自炊場・トイレ共用です。現在、八千六百室あるのですが、空き部屋が二千室以上あります。一泊の宿泊料は千八百円から三千五百円ぐらいの間ということです。現在、住人が六千三百人ぐらいで、半数が六十歳以上、住人の八割が生活保護を受けています。

私がどういう立場で寿で活動しているかというと、日本基督教団神奈川教区というのがありまして、この地域に今から二十二年前に奉仕活動の拠点として寿地区センターをつくった。そこで、三森妃佐子さんという方を中心にして活動を続けてきています。本来であればこういう方がこの話をすれば一番いいのでしょうが、その事務所がこの地区にあります。

寿町の中心は二つあると言えると思いますが、寿町総合労働福祉会館というのがいわゆる労働の拠点です。職業安定所（ハローワーク）などがあって、日雇労働をあっせんしてきた中心になっています。もう一つの中心として、寿児童公園という公園がありまして、ここで炊き出しなどが行なわれます。つまり前者との対比で言えば労働というよりも生活の中心が一つある。こういった構造を持っています。

また、精神障がい者のための作業所があったり、アルコール依存症の方の支援団体があったり、いろいろな形で地区内に存在し、活動しています。

「日雇労働の街」から「福祉の街」へ

寿地区高齢者ふれあいホームで、「木楽《きらく》な家」という老人の憩いの家があります。木という字に楽をくっつけて、木へんに楽は何というかわかりますか、クヌギといいます。「櫟（くぬぎ）の会」というのが寿地区老人クラブの名前になっています。それを皆さんが機転をきかせて木楽と分けて、木楽な家と名づけているのです。三階建てで狭いところです。ここでボランティアさんが毎週月曜日と木曜日に来て、炊き出しをやっています。一食二百円ですが、ものすごくおいしいですよ。ぜひ食べに来てください（ただ、お年寄り対象ですが）。

高木さんという、老人クラブをつくって、ご自分もこの寿町でずっと生活をしながら長くやってこられた老人クラブの会長さんがおられました。もう亡くなりましたけれども、こういう触れ合いの家をつくることがこの方の悲願だった。それでずいぶん長い間、このために運動をしていた。ところが、途中でちょっとした手違いで行政の補助金が来なくなって、それで七年間この建物は鉄骨のまま雨ざらしになっていたのです。そのことで高木さんはものすごく心を痛めて、これができたときには本当に喜んだ。その後亡くなられて、今でも「木楽な家」には高木さんの写真が飾ってありますけれども、そういういわれの深い施設があります。

地域の中の施設には、先ほど言いましたように障がい者の地域作業所、身体障がい者、精神障がい者、アルコール依存症の方などを援助する六団体が入っています。後の歴史の中で説明させていただきますけれども、寿は現在、「日雇労働の街」から「福祉の街」へというような言われ方をしています。ごらんになった方もあるかと思いますけれども、最近、『日本経済新聞』が五、六回連続で「変わりゆく労働者の街　横浜・寿に住んでみる」という記事を紹介していました。こういうマスコミの記事でも福祉の街と言われています。

そのゆえんは町を歩いていてもわかります。昔はリュックというか荷物を担いで、それこそ地下足袋みたいなもので威勢よく歩いている、そういう人たちがとてもたくさんいた町ですが、今はもう一目でわかりますけれども、つえをついておられる、あるいは車いす、きちんと立って歩けない、何となくとぼとぼと歩いている、そういう方が多い町になってきています。そのために多いのはやはり病気、身体障がい、アルコールの問題ということで、こういう団体がたくさん入って活躍しているわけです。それから、寿生活館というのは、先ほど児童公園と言いましたけれども、そこが生活の中心になっているところで、学童保育、支援団体の事務局、寿日雇労働組合が入っています。

それから、地区内にコンビニ風の店が二、三軒あります。これらの店にはいわれがありまして、いわゆるパン券とか宿泊券を福祉事務所で配る（最近、予算が減額されました）のですが、パン券というのは一日七百円ぐらいで、そのパン券をこの店に来て交換できる。別にパンだけではなくて歯ブラシとか石鹸とかを買ってもいいのですが、そういったお店もこの中にあります。

寿町の活動について

寿の活動には三つの核があります。一つが日雇労働組合です。組織率というとほんとに数えられないぐらいのわずかな人しか入っていませんけれども、寿町で中心に頑張っているのは労働組合の人たちです。私はこれはとてもすばらしいと思っています。もう一つが私が所属している日本基督教団神奈川教区寿地区センター。炊き出しやバザーを中心にいろいろな活動をしています。例えば炊き出しには平均して一回に三十五〜四十人ほどのボランティアが集まります。その多くが神奈川県内あるいは東京の教会から来ています。もう一つが支援団体（寿支援者交流会）。宗教とは直接関係ないのですが、とくに夜回りのパトロールの中心になっているのは、組合・地区センターに加えてこの支援団体です。そういった団体の協力で行なわれているのが寿町の活動です。

ほかにもいろいろな団体があって、「カラバオの会」という日本で出稼ぎ労働をしている帯日外国人支援団体があります。場合によっては強制送還になるような人たち、オーバーステイの場合など資格がなくて働き続けながら、賃金を払ってもらえないということが頻発しているわけです。それで文句を言おうとしても、オーバーステイで日本の法律に従えば違法ですから、文句を言えない。その人たちの雇い主のところに行ってかけ合って、何とか給料を払ってもらう、といったような活動をしているのが「カラバオの会」です。フィリピンのタガログ語で水牛という意味だそうです。

それから、お医者さんの卵や看護師さんの卵の方たちが医療班ということで活動しています。そういういろいろな団体のネットワークで寿の活動が行なわれています。

それから、今度は時間でいうと寿はどんな活動をやっているかというと、炊き出しが十一月から七月までの毎週金曜日で、結構大変です。これが中心の働きの一つです。十二月の二十八日から新年の一月四日までの間、野宿をしている人たちを守り、励まそうという越冬活動がもう一つの大きな中心です。それから、お盆の時期には夏祭り。月一回バザーがあります。あと映画会というのは私自身もかなり熱を入れているのですが、本当に少ない娯楽の中で楽しい映画を見てもらおうという活動などがあります。

寿町総合労働福祉会館――労働の拠点

従来はここに朝五時に行って並んで番号札をとって、そこで日雇労働をあっせんしてもらって行くというハローワークの中心だったわけです。ここにいわゆる手配師と言われる公的ではない私設のブローカーが来て、トラックに人を積んで飯場に行くといったようなことがなされていた。そこが拠点になっていた。皆とても重い荷物を担いで歩き回りますからロッカーが必要だということで、ここにはロッカー室、浴場、シャワー室、図書室、そういったものも設けられています。診療所もあります。労働という一つの象徴的な拠点だったという意味で、労働福祉会館があります。

ホームレス自立支援センター

「ホームレスの自立の支援等に関する特別措置法」という法律が二〇〇二年にできたわけですが、それに基づいて東京、名古屋とか大阪に自立支援センターができてきます。寿では「はまかぜ」という名称です。「自立」ということで忘れないうちに理屈っぽいことを言いますけれども、先ほど長谷川先生がおっしゃったことにすごく感銘したのですが、自立と共生とを並べてその関係でおっしゃられた。本当にそうだと思います。寿に行って一番感じるのは、共生があるから自立できるのではないか。共生というところでみんなが助け合ってネットワークを組んでやっているということです。

例えばそこで炊き出しをやっている。確かに炊き出しに来る人にはいろいろな人がいます。みんなが一生懸命やっているのに、「何だ、これ、まずいぞ」という人もいます。だけど、そういう人ばかりではなくて、ネギを刻んだり、「おれは元調理人だから、おまえたちより切るのがうまいんだぞ」と言ってバンバーンと切っていくような（本当に上手です）、そうやってそこに参加してくださる人もたくさんいるわけです。やはりそういうときに共生ということが基盤になって、そこから自立というものができていくのかなと思います。なかなか自立までいきませんが、そんなふうにも感じるわけです。

話を戻しますが、自立支援センターというのは、就労の意思のある人に就労をあっせんする。就労をあっせんするまでの間、原則として一カ月ですけれども、就労できたような場合には、六カ月間までここにいることができる。私は就労の意思があり、登録して正社員職を探していますと。そして、ここに入って職業訓練などを受けながら、あるいは健康を害していれば治療を受けて過ごしながら、ここにハローワークの人も来ていますのでハローワークを通して仕事を探していく、こういう施設です。

しかし、問題があるとすれば、例えば生活保護を受給するのに、まず「はまかぜ」を利用するようにというような指導を受けることが最近問題になっています。生活保護というのは生活が困窮した場合にすべての人が受ける権利がある。もちろん働くことができればそれは当然、働くことが前提条件ですが、働くことができないとかいろいろなことがあって、生活保護を申請するけれども、生活保護の申請が受理されないまま、「はまかぜ」にまず行ってくれと、就労自立が強調されるということです。

今の福祉は自立を前提にして展開しています。そして、生活保障が前提になっていないのがすごく気になるところです。ただ、これを言い出すと時間がどんどんたってしまいますので、これくらいにしておきます。別に「はまかぜ」のことを悪く言うわけではないのですが、ひとつの今の福祉行政のあり方を象徴しているのではないかという印象がありますので、お話ししたわけです。

炊き出し

朝七時ごろから始まります。みんなで大根とか、大体一回に二十種類くらい使うでしょうか。本当にすごい栄養価でものすごくおいしいと思います。こちらで皮をむいて向こうで刻んでというように四十人以上の人たちがかかわり、公園のテーブルで配って、ずらっと並んで受け取るという形になります。最近の傾向ですけれども、先回は七百九十食出ました。この炊き出しが始まって十五年たつのですが、七百九十、八百食近く出たことはありありません。とにかく今、すごく増えています。

この間は、若い女性がいました。ボランティアに来る人も試食の意味でここに並びますので、私はてっきりその人もボランティアだと思ったのです。そうしたら、どうも見たことがないなと思ったら、女性でやはり並んでいる。本当にびっくりしましたが、若い人が今かなり増えてきています。新聞紙上で言われているようにリストラとか、非正規の社員とか、ネットカフェ難民の人たちとか、今、非常に貧困化が進んでいるのを実感として感じます。


ここのドヤに先ほど六千三百人ぐらいいると言いましたけれども、その大体八割ぐらいは生活保護を受けています。部屋は三畳ぐらいの狭いところですけれども、その部屋を居住地の住所として認定して、そこで生活保護を出しているという形になりますので、いわゆる野宿をしている人たちは部屋に住めません。野宿している人たちはけがをしたり病気にならない限り、生活保護受給に至ることは困難です。もちろん六十五歳以上になれば別ですけれども。生活保護の住宅扶助基準は、横浜市特別基準を設けても一日が二千二百円です。二千二百円を払える人で野宿している人はいませんので、野宿している人は入れないということです。

「木楽な家」でのもう一つの炊き出しは各キリスト教会が分担しています。私は横浜の教会ですけれども、きょうは横浜大岡教会の担当だからというふうに、一つの教会で二カ月に一回ぐらい順番が回ってきます。

バザー

バザーは本当に大変です。まず荷物を置くところがない。ものすごい量が神奈川県下を中心に集まってくるのです。それをこの公園に運ぶのが大変で、車が何台も何台も往復しなければならないので相当大変ですけれども、始めるとものすごく喜ばれます。いいものがあるんですよ、ぜひ来てみてください。男性用のスーツだって、どう見てもデパートで買ったら四、五万はするよというようなものだってあるんです。それがこのおっちゃんたちにかかると、「えっ、これいくら、百円？」と言って百円で買っていく。もう本当にすごいなと思いますよ。ここで自分の望みのものはなかなか注文できませんけれども、掘り出し物でいい役割をしているわけです。

寿みんなの映画会

これは二〇〇八年の五月から始めたのですが、狭いところを区切って、暗幕をかけて会場をつくると七十人くらいは入れます。ＤＶＤで大きなスクリーンで見ますから、結構、映画館の雰囲気が出る。高倉健主演の『幸福の黄色いハンカチ』とか、西部劇の『シェーン』とかそういうのをやります。この間、ジャッキー・チェンのコミカルなやつ、お酒という字が入った『酔拳《すいけん》』をやろうと。そうしたら、それを主催する側から文句が出て、この寿でお酒という、しかも中身は酒を飲めば飲むほど強くなるという映画ですから、これはヤバイんじゃないのかということで、大分論争した末にやめまして、『フラガール』に替えました。見に来てください。そういった映画会も月一回やっています。

寿の歴史について

この地域は、戦前に意図的に埋め立てでつくられたところです。松影《まつかげ》、寿、扇《おうぎ》、翁《おきな》、不老、萬代《ばんだい》、蓬莱《ほうらい》といったとてもおめでたい名前がつけられたことからみても、いわゆる人工の町だということがよくわかると思います。昭和初期から敗戦までの寿町一帯は下町風の落ちついた町で、織物の輸出入に携わる問屋が多かったということです。

一九四五年五月二十九日に大空襲があり、寿町は灰じんに帰す。戦後、米軍が接収して、（横浜港は）米軍の兵たん基地になる。食料をはじめ大量の軍物資の陸揚げ、全国からの大量の失業者が集まってきて、いわゆる荷役の臨時日雇いが始まるわけです。日雇い、臨時職、手配師による大量のやみ雇用市場になるといったような経過があります。

一九五五年ぐらいに接収解除になり、ことぶき荘という第一号の簡易宿泊所がつくられた。そのときに「大岡川周辺十二ヶ町美化期成同盟」というのができて、労働者たちは追い立てを食うわけです。美化というのは周りの地域住民が美化するので、そういう人たちが来たら困ると、一つの地区に押し込めてしまう動きです。それがいわゆるドヤ街として形成されるきっかけになったと思われます。一九六九年六十四軒、七三年八十九軒、二〇〇五年に百十八軒となり、現在は百二十二軒です。まだ建設されています。とても不思議です。二千部屋ぐらい空いていまして、どうするのかなと思いますけれども……。

一九六二年より中民生安定所、現在の福祉事務所ですが、そういったものができたり、長期欠席・未就学児童が大きな問題になっています。寿とは関係ないのですが、このころ私は骨折しまして、入院したら輸血が必要だったのです。その輸血で血清肝炎になりまして半年ばかり入院してしまったという苦い経験があります。この間ここのおっちゃんと話をしていたら、「僕たちはあのころ血を売ったよな」と言っているのです。「ああ……」とすごい実感として、そこで私は被害者だとは言えませんでしたけれども、びっくりしました。

一九六五年に先ほど言いました寿生活館ができて、ここに行政の出張所も出てきました。それから、詳しくは言いませんけれども、寿福祉センターや寿夜間銀行ができたり、寿地区自治会がつくられたりと、徐々に町の様子ができてくるわけです。

一九七三年にオイルショックがあり、寿の人口が四千五百人まで減少しました。

一九七四年に、先ほど言いました暮れから正月にかけての寿地区越冬実行委員会ができて、このあたりから越冬活動が始まっていくわけです。寿町総合労働福祉会館（労働センター）ができたのもこのころです。

一九七五年に、いわゆる市の合理化によって市の職員が引き揚げて、寿生活館閉鎖ということで事件が起こります。その後、寿の行政職員の人たちが自主管理を始めます。そこへどんどん労働者を入れて勝手に布団を敷いて、「動かないぞ」と言って五年間の自主管理闘争を行なったという歴史がある。その過程で寿日雇労働者組合ができるわけです。寿というところは非常に活動が地についているところだと私は思っています。

▶▶寿町の歴史◀◀

1874(明治 7)年	沼の埋め立て完成 松影、寿、扇、翁、不老、萬代、蓬莱等の町名。昭和初期から敗戦までの寿町一帯は、下町風の落ち着いた町で織物の輸出入に携わる問屋が多かった。
1945(昭和 20)年	港湾労働市場 5 月 29 日大空襲。寿町灰じんに帰す。戦後米軍接収。横浜港は米軍の兵たん基地。食糧をはじめ大量の軍物資の陸揚げ、全国から大量の失業者が集まる。日雇い、臨時職、手配師による大量の闇雇用市場。
1952(昭和 27)年～ 1955(昭和 30)年	寿ドヤ街成立
1956(昭和 31)年	接収解除 「ことぶき荘」が、第一号簡易宿泊所としてつくられた。
1959(昭和 34)年	「大岡川周辺十二ヶ町美化期成同盟」結成。→寿地区がドヤ街として形成される契機。 1969 年（64 軒）、1973 年（89 軒）、2005 年（118 軒）。最盛期の人口は 8 千から 1 万人。
1965(昭和 37)年	3 月より中民生安定所による「夜間出張相談」開始 「ことぶき学級」（長期欠席・未就学児童）
1965(昭和 40)年	港湾スト。港湾労働→土木建築へ。6 月「寿生活館」開設。 このころより市職員・ボランティアによる住民運動・サークル活動活発化
1968(昭和 43)年	「寿福祉センター」開設
1969(昭和 44)年	「寿夜間銀行」開設、「寿地区自治会」結成…「西部の町」
1972(昭和 47)年	「寿生活館」開設
1973(昭和 48)年	オイルショック。大不況で寿人口 4,500 人まで減少。
1974(昭和 49)年	「寿地区越冬実行委員会」 「寿町総合労働福祉会館（労働センター）」（国、県、市、雇用促進事業団）
1975(昭和 50)年	2 月　市により寿生活館閉鎖、以後 5 年間にわたる自主管理闘争。「寿日雇労働者組合」結成（越冬対策打ち切り、生活館業務停止、退去勧告への取り組みから）
1978(昭和 53)年	「寿地区住民懇談会」→その取り組みにより「寿生活館」再開（1981 年）
1979(昭和 54)年	「ことぶき共同診療所」開設
1980(昭和 55)年～	このころより簡易宿泊所が高層鉄筋化。
1987(昭和 62)年	「カラバオの会」発足 寿在住外国人労働者数、1989（平成元年）533 名、年々減少し、2004（平成 16）年 92 名。
1993(平成 5)年	寿公園における炊き出し開始。野宿者急増。
1994(平成 6)年	「まつかげ一時宿泊所」（自立支援センター）
2002(平成 4)年	「ホームレスの自立の支援等に関する特別措置法」
2003(平成 5)年	自立支援センター「はまかぜ」開設
2004(平成 6)年	福祉プラザ開設（相談業務等）

横浜の寿町、東京の山谷《さんや》地区、大阪の釜ケ崎《かまがさき》という三大寄せ場があります。寿はその中で規模は一番小さいのですが、山谷でも釜ケ崎でもその当時大きな暴動が起こりました。山谷暴動というのは皆さん、記憶されている方もいらっしゃると思いますけれども、寿はそういう暴動がなくて自主管理闘争とかいろいろとありましたけれども、本当に皆さんが協調して助け合っていこうという雰囲気の強いところです。その後、寿地区住民懇談会ができたりして、「ことぶき共同診療所」も開設されるという歩みをとるわけです。

ここでとくにお伝えしておきたいことは、この自主管理闘争を担ったお一人が野本三吉さんで、『裸足の原始人たち』等の多くの著作がある方です。今は沖縄の大学で教鞭をとられています。もう一人、田中俊夫さんという方がいらっしゃる。この方はここでずっと自主管理闘争をやった後、何とか自分は寿の人たちの役に立ちたいということで、四十代で医科大学に入ります。それから精神科のお医者さんの資格を取って戻ってきて、「ことぶき共同診療所」を立ち上げて、今そこは寿の人たちでいっぱいです。本当にすごい活動をする人が寿から輩出されていくんですね。そういう歴史的な事件ですが、自主管理闘争が行なわれました。

その後、一九八〇年ころより簡易宿泊所が高層鉄筋化されました。一九八七年に先ほど言いました「カラバオの会」が発足します。外国人労働者が増えたのは、日本のバブル景気のときです。今は極端に減少しています。日本で暮らして働いても、働き場所がないような状況にだんだんなってきてい

日本基督教団神奈川教区寿地区センターの働きとネットワーク

地域の諸団体と協力した
センターの働き

❖炊き出しへの参加・協力

11月から7月の毎週金曜日の昼に雑炊などの炊き出し（毎回600食ほど提供）

❖野宿者訪問への参加・協力

横浜地区内・川崎・藤沢・相模原・小田原・厚木・大船・鎌倉・茅ヶ崎・横須賀・平塚などで訪問・健康状態の把握・自立支援、夜回り

❖地域の高齢者への支援

寿地区高齢者ふれあいホーム「木楽な家」や老人クラブ「櫟（くぬぎ）の会」の昼食会に参加

寿地区センター

〈センター独自の活動〉

- バザー（月1回）
- 青年ゼミ
- 講演会
- ボランティア会
- その他

❖地域での取り組み・市民ボランティア団体への支援･協力

寿地区で活動する団体や地域とのかかわりの深い市民ボランティア団体への支援

- 外国人労働者と連携する市民団体「カラバオの会」
- 学童保育
- 地域住民組織
- 寿日雇労働者組合

など

❖福祉施設などの昼食会への参加・協力

ことぶき福祉作業所の昼食会

❖地域で暮らす障がい者への支援

- 身体障がい者地域作業所「ことぶき福祉作業所」
- 精神保健福祉を考える市民グループ「ろばと野草の会」
- アルコール依存症の方々のデイケアセンター「寿アルク」 など

❖越冬活動への参加

年末年始、野宿を余儀なくされた人々のための炊き出し、医療相談、訪問など

（神奈川教区では、1986年5月の教区総会決議により「寿地区センター」を設置し、宣教の課題として積極的に取り組んでいます。）

るからです。一九九三年に炊き出しが開始されます。こういった歴史があるわけです。

そして、二〇〇二年に「ホームレスの自立の支援等に関する特別措置法」ができて、二〇〇三年に「はまかぜ」という自立支援センターができます。二〇〇四年に「福祉プラザ」という相談業務を中心にした行政部門ができて、現在に至っているという状況です。

日本基督教団神奈川教区寿地区センターはキリスト教会の仕事として設立され、活動しているわけですけれども、このようないろいろなところとのネットワークづくりの中で、初めて総体としての効果というものがある。このネットワークづくりをものすごく大切にしてきた歴史だろうと思っています。

総体として寿町は、「日雇労働者の街」から「福祉の街」へと変遷してきています。

福祉のこころ

寿というところは大体どういうところかおわかりいただいたと思います。そこで、私が現場で考えてきた「福祉のこころ」とはどんなことなのかということをお話しさせていただいて、話を終わりにしたいと思います。

「福祉のこころ」とは

「福祉のこころ」とは、不利益をこうむっている方々を思いやる気持ちであり、平等を志向する行動である。それはすべての人々がかけがえのない人生（すべての他者から尊敬されるべき権利を持つ）を送っているのだということを、少なくとも理解しようとする過程にほかならない。

人格は自然法的な不可侵の性格を持っている（自尊心）と同時に、具体的な人間関係、社会関係の中で苦悩する姿を持つものである。また、他者から思いやられる存在態であると同時に、他者を思いやる存在態である。

そして実践にとって一番大切なことは、人と人との関係の「窓」を開くこと、言い古された言葉であるが、「こころの窓」を開くということである。そうしてはじめて人間関係は成立し、展開が始まるのではないか。

その人間関係が成立する第一の要件は、こちらが「こころの窓」を開くことである。これは言うに易く、行なうに難い事柄である。相手から批判を受けるようになれば、関係性は一応成立しているとみることができるが、そうなるためにもこちらが「こころを開か」なければならない。

「福祉のこころ」というのは端的に言って、不利益をこうむっている方々を思いやる気持ちだと思います。平等を志向する行動である。平等を志向するとしか言いようがないのです。私たちとその人たちは平等ではないからです。どう考えても生活が全然違う。そこにボランティアとしてのジレンマをものすごく感じますけれども、やはり平等ということは、先ほど長谷川先生から共生という言葉が出ましたが、それを目指していこうという気持ちだろうと理解しています。

それは「すべての人々がかけがえのない人生（すべての他者から尊敬されるべき権利を持つ）を送っているのだということを、少なくとも理解しようとする過程にほかならない」。「過程」というのは、理解しようする努力の積み重ねみたいなところがあるわけです。

「人格は自然法的な不可侵の性格を持っている（自尊心）と同時に、具体的な人間関係、社会関係の中で苦悩する姿を持つものである」。これは主観的に見れば自尊心と言いますが、自尊心を尊重することがとても大切なのではないか。人格というのは自尊心を意識せざるをえないような具体的な人間関係や社会関係の中にほうり込まれてしまう。また、「他者から思いやられる存在態であると同時に、他者を思いやる存在態である」。そういったことをつくづく感じます。

人と人との関係の「窓」を開く

そして「実践にとって一番大切だと思うことは、人と人との関係の『窓』を開くこと、言い古された言葉であるが『こころの窓』を開くということである」。ここからしか始まらない。「そうしてはじめて人間関係は成立し、展開が始まるのではないか」。というのは、本当にこれが難しい。やはり人間というのはこだわりがありますので、こころの窓を開くことが一番大変なことだと感じています。

ただし、「その人間関係が成立する第一の要件は、こちらが『こころの窓』を開くことである」。私などはとくに警戒されます。まずこんな男の年寄りがボランティアでうろうろしているというのはあまりないのです。ただ、女性の年輩者は多いですけれども。それから、大学の教員だった人がそこにうろうろしているというのも不思議な存在で、これが現実です。それを打ち破るというのは結構大変なのです。そんなことが実感としてはあります。

「相手から批判を受けるようになれば、関係性は一応成立しているとみることができる」。やはり相手を批判しようにもできないような人間関係というのは、こころの窓が開かれていないということです。「そうなるためにも、こちらが『こころを開か』なければならない」。私の場合は非常に困難だったということです。ボランティアは継続することが大切だとよく言われますが、継続しないとこの関係はできないのです。そういった意味で大切だと思っています。つまり、信頼的人間関係の確立に相当の気を使っているわけです。

与えられる――いろいろな人から学ぶ

一番思うのは、私はきょう寿のことをしゃべっているというよりも、寿にかかわっている自分のことをしゃべっている面が強いということです。一言で言うと学びがすごく豊富な場です。その意味は、人間関係はいわば相補性において成り立っているということだと思います。その関係は一方的な関係ではなく相互関係であり、与え与えられる存在なのです。ボランティア活動の中でいろいろな人からの学びがある。それがボランティア活動の原動力であると言っても過言ではないと思います。

何を学ぶのか。この間、各大学からきた若い人たちが中心になって「青年ゼミ」というのをやりました。若い人たちといっても私も青年ゼミの一員ですから、いいかげんなものですが。そのときの感想ですが、寿住民はほとんど男の人ばかりで女の人はあまりいませんので「おっちゃんたち」ということになるのですが、「あのおっちゃんたちの笑顔がすごい」ということを、みんなが口々に言いました。それは本当に不思議です。どうしてこんなに大変な中であれだけの人をとろかせるような笑顔が出てくるのか、よくわかりません。しかし、それはボランティアの人たちにとって本当に感動的なこととして受け止められていることも事実です。

それから、日雇労働組合の人にしても地区センターの人もそうですが、非常に高い倫理性を持っていると、私はすごく感じます。皆さんは別に意識していないと思いますが、アルコール問題に始まって本当に倫理性が高い。それは丁寧な言葉を使うとか、そういうことではありません。普通の世の中では感じない倫理性の高さをものすごく感じることも事実です。それは一体どこから来るのかというあたりも非常に考えさせられるところです。

客観的状況を知ることが基礎

第二に、私たちは寿町の人たちが置かれている客観的状況を知らなければならない。例として生活保護集団申請があります。先ほども触れましたけれども、野宿している人は働こうにも働き口のない人が圧倒的に多い。それでは生活保護が受けられるかというと、そのハードルは驚くほど高いのが現実である。そのことが生活保護を受けたくても福祉事務所に足を向けることができない、それ自体しり込みしてしまう結果を招いている。そういったことが明日への不安を無限に再生産していく元凶になっているのではないか。そういう生活保障の現実を知って、初めて私たちはその人々の気持ちを想像することができる。それで十分だとは到底思わないにせよ、人々を理解する大きな手がかりとするわけです。そこで一緒に生活保護の申請に行ったりしながら、具体的な行動方針を立てることになる。そういった意味で「共に生きる」とか「共に闘う」という姿も、こういう基盤に立って根づいている事柄ではないかと思います。

支援とは何か

寿の人々はお金がない、健康を害している、いくつもいくつもの病気を抱えている、つえをつき車いすを使っている、アルコール依存やギャンブル依存、精神障がいに悩まされている。そして、何よりも明日への希望を紡ぎ出せないでいる。その日その日を生きることが精いっぱいであるに違いないと思います。こうした厳然とした事実を前にして、私たち支援者というのは何を「紡ぎ出す」ことができるのだろうか。これは非常に考えさせられる問題です。

だいぶ前に『福音と社会』というキリスト教関係の雑誌で紹介された、ムハマド・ユヌスさんというノーベル平和賞をもらった方がいらっしゃいます。ユヌスさんはバングラデシュで、日本語では「グラミン銀行」と訳されていますけれども、ご本人は生活協同組合というふうに言っていますが、貧しい人たちのためにほとんど利子のつかない融資をするための銀行をつくった。今、世界的に広がっているようですけれども、その人は、とにかく目の前にいる人がきょう一日を過ごしていくために何をしてやれるのかと考えて、それを企画をしたのだと言っています。

ところが、ほかの人は知りませんけれども、私なんかが行ったって、目の前の人がきょう一日過ごすために何をしてあげられるのかというのは見えてこない。到底その人の気持ちの中に入っていくという段階ではないと思わざるをえないような毎日を送っているというのが現実です。

最後に、読まれた方がいると思いますが、本田哲郎さんという大阪の釜ヶ崎で地道に活動しているカトリックの神父さんが書かれた『釜ヶ崎と福音――神は貧しく小さくされた者と共に』（岩波書店、二〇〇六）という本をご紹介したいと思います。先ほど炊き出しのところに並んでいる行列の話をしましたが、本田神父はその本の中で、炊き出しの行列の中に何げなくイエス・キリストが並んでおられるお姿を書かれているのです。本田さんは、イエス・キリストというのは天の高いところにいらっしゃるのではなくて、ふっと並んでいらっしゃるのだと、すごく印象深いことを紹介しています。そういったことの中で「奉仕」とは何だろうかということを考えさせられているところです。

（二〇〇八年十二月十三日、聖学院大学ヴェリタス館教授会室）

あとがき

「福祉の役わり・福祉のこころ」という表題の研究テーマは、はじめ「福祉のこころ」として設定された。研究の企画として、福祉の世界に生き、貴重な実践を基に発信してこられた以下のお三人の先生方による講演会を通し、その実践と、数々のご発言の意図や理念について学びたいと考えた。

第一回は二〇〇七年にさかのぼる。横須賀市田浦町在の横須賀基督教社会館（以下、社会館）に半生をささげられた阿部志郎先生をお招きし、先生の業績をうかがい、「福祉の心」の中心に位置するものが「互酬」にあることを教えていただいた。すなわち具体的な実践として、社会館は田浦町のために存在するのではなく、田浦町とその住民によって支えられ「共にある」存在であったことを知ることができた。この記録は、『福祉の役わり・福祉のこころ』というタイトルでブックレットとして出版された。なお、ここに収録した阿部志郎先生の「愛し愛される人生の中で」は、二〇〇八年十月三十一日に開催された聖学院大学創立二十周年の記念特別講演会における講演「人生――愛し愛されて」を改題して収録したものである。

二〇〇八年度は、研究課題を「福祉の役わり・福祉のこころ」として、より具体的な側面について掘り下げたいと考えた。第二回講演会は、長い間福祉教育に情熱を傾注してこられた淑徳大学学長長谷川匡俊先生と、横浜市のスラム街といわれる寿地区の真っただ中に拠点を置いいただいた。

長谷川匡俊先生にとって、福祉は「自立と共生」が基礎にあって、それは「かかわり」において実体化する奉仕の実践である。先生のお言葉で「もやい」が心に残る。それは阿部先生の「互酬」に通じる言葉で、相互扶助、共同作業の理念が、福祉の中核をなすものであることを明確にしていただいた。その上で、福祉の理念を形成する上で、大きな役割を果たすのは宗教であるという結論が明確なかたちで提示され、学ぶところ大であった。またそれに伴って、濱野一郎先生からは、そうした福祉のこころが、都市部における極低所得生活者の集合である、スラム街ではどのような実践として具現されているのか、その実態に触れ、とくにその中でのお働きから、支援とはまず、客観的な状況を知ることから始めるのがすべてである、という強いメッセージを与えられた。お三人の先生方には深甚な感謝の意を表明したい。

二〇〇九年六月一日

〈編者〉
聖学院大学大学院人間福祉学研究科教授　柏木　昭
聖学院大学人間福祉学部長　中村　磐男

著者紹介

阿部志郎（あべ　しろう）

一九二六年生まれ。東京商科大学（現在の一橋大学）卒業。米国ユニオン神学大学院へ留学。明治学院大学助教授を経て、一九五七年より横須賀基督《きりすと》教社会館館長、二〇〇七年より会長。二〇〇三〜二〇〇七年神奈川県立保健福祉大学学長。神奈川県立保健福祉大学名誉学長、日本社会事業大学名誉博士。

日本ソーシャルワーカー協会会長、日本社会福祉学会会長、国際社会福祉協議会副会長、東京女子大学理事長等を歴任。一九八九年朝日社会福祉賞受賞。

著書：『地域福祉の思想と実践』（海声社）、『福祉の心』（海声社）、『ボランタリズム』（海声社）、『福祉の哲学』（誠信書房）、『社会福祉の国際比較――研究の視点・方法と検証』（阿部志郎・井岡勉編、有斐閣）、『地域福祉のこころ』（コイノニア社）、『ヒューマンサービス論』（編著、中央法規出版）ほか。

長谷川匡俊（はせがわ　きょうしゅん）

一九四三年東京生まれ。一九六七年明治大学大学院文学研究科修士課程修了、専攻、日本仏教史・日本社会事業史。文学博士。

淑徳大学学長。社会事業史学会理事、日本仏教社会福祉学会代表理事。

著書：『近世念仏者集団の行動と思想』（評論社）、『近世浄土宗の信仰と教化』（渓水社）、『人物でつづる千葉県社会福祉事業の歩み』（崙書房）、『トゥギャザー　ウィズ　ヒム――長谷川良信の生涯』（新人物往来社）、『シリーズ　福祉に生きる――長谷川良信』（大空社）、『日本仏教福祉思想史』（法蔵館）、『宗教福祉論』（医歯薬出版）、『戦後仏教社会福祉事業の歴史』（法蔵館）、『戦後仏教社会福祉事業史年表』（法蔵館）ほか。

濱野一郎（はまの　いちろう）

一九六〇年早稲田大学第一法学部卒業。一九六二年明治学院大学大学院社会福祉専攻課程修了。一九六二～二〇〇一年明治学院大学教員、二〇〇一～二〇〇六年中部学院大学大学院、二〇〇六～二〇〇八年聖学院大学大学院（人間福祉学研究科）教員。一九九九年より横須賀基督教社会館理事長。

一九九一年ごろより横浜市寿町の活動に断続的にかかわり、現在、日本キリスト教団神奈川教区「寿地区センター」委員として、同地区ボランティア活動に従事している。所属教会は日本キリスト教団横浜大岡教会。

編書：『社会福祉の原理と思想』（岩崎学術出版社）、『コミュニティワークの理論と実践を学ぶ』（みらい）ほか。

福祉の役わり・福祉のこころ
与《あた》えあうかかわりをめざして

2009 年 10 月 10 日　　初版第 1 刷発行

著　者　阿部志郎
　　　　長谷川匡俊
　　　　濱野一郎

発行者　大木英夫

発行所　聖学院大学出版会

〒362-8585　埼玉県上尾市戸崎 1-1

電話 048-725-9801 ／ Fax 048-725-0324

E-mail : press@seigakuin-univ.ac.jp

ISBN978-4-915832-87-1　C0036

◆◆◆ 聖学院大学出版会の本 ◆◆◆

MEMO

MEMO